Joel S. Peters

SKRIFTEN ALLENA?

Svenska Katolska Akademiens Handlingar nr 11

Acta Academiae Catholicae Suecanae XI

JOEL S. PETERS

SKRIFTEN ALLENA?

21 anledningar att förkasta "sola scriptura"

översättning från engelskan
av Marcus Urbanski

SVENSKA KATOLSKA AKADEMIEN
— Academia Catholica Suecana —

Denna översättning har tidigare publicerats i *Skandinavisk Katolsk Tidskrift,* Nummer 4, 2015, ss. 275-319. Diverse smärre rättelser och andra ändringar har införts i texten.

Förlag: BoD - Books on Demand, Stockholm, Sverige
Tryck: BoD - Books on Demand, Norderstedt, Tyskland
ISBN: 978-91-7699-267-8

Innehållsförteckning

Vad är sola scriptura?

"Vi tror på Bibeln allena och Bibeln i sin helhet som det enda rättesnöret för den kristnes tro!"

Du kanske har hört dessa ord eller något liknande från en bibelfundamentalistisk eller evangelikal protestant. De utgör i huvudsak innebörden av läran om *sola scriptura*, eller "Skriften allena", som hävdar att Bibeln - såsom den tolkas av den enskilde troende - är den enda källan till religiös auktoritet och är den kristnes enda *rättesnöre för tron* eller kriteriet på vad som skall tros. Genom denna lära, som är en av protestantismens grundläggande trossatser, förnekar protestanten att det finns någon annan källa till religiös auktoritet eller gudomlig uppenbarelse för mänskligheten.

Katoliken, å andra sidan, hävdar att det omedelbara eller direkta *rättesnöret för tron* är Kyrkans undervisning; Kyrkan i sin tur hämtar sin undervisning ur den gudomliga uppenbarelsen - både det *skrivna Ordet*, som kallas den heliga Skrift, och det muntliga eller *oskrivna Ordet*, som kallas [apostolisk] Tradition. Den Katolska Kyrkans undervisande auktoritet eller "Magisterium" [=läroämbete] (under ledning av påven) är inte i sig en källa till gudomlig uppenbarelse, men har likväl ett gudagivet uppdrag att tolka och undervisa om både Skriften och Traditionen. Skriften och Traditionen är källorna till den kristna läran, den kristnes indirekta *rättesnöre för tron*.

Uppenbarligen står dessa två uppfattningar om vad som utgör den kristtroendes *rättesnöre för tron* i motsatts till varandra, och var och en som uppriktigt söker att följa Kristus måste vara säker på att han håller sig till den uppfattning som är den sanna.

Läran om *sola scriptura* har sitt ursprung hos Martin Luther, den tyske munk som på 1500-talet bröt sig ur den Romersk-Katolska Kyrkan och inledde den protestantiska "reformationen".[1] Som reaktion på vissa missbruk som hade förekommit inom den Katolska Kyrkan blev Luther en högljudd motståndare till vissa bruk. Vad gäller dessa missbruk så var de verkliga och Luthers reaktion mot dem berättigad.[2] Emellertid utvecklade sig det hela till en serie konfrontationer mellan honom och Kyrkans hierarki, och tvisteämnena blev mer inriktade på frågan om kyrklig auktoritet och - ur Luthers synvinkel - huruvida eller inte den Katolska Kyrkans lära var ett legitimt *rättesnöre för de kristnas tro.*

Allteftersom konfrontationerna mellan Luther och Kyrkans hierarki eskalerade och spänningarna ökade, började Luther anklaga den Katolska Kyrkan för att ha förvrängt kristen troslära och för att ha förvanskat bibliska sanningar, och han kom alltmer att tro att Bibeln, såsom den tolkas av den enskilde troende, utgjorde den kristnes enda sanna religiösa auktoritet. Han kom så småningom att förkasta Traditionen såväl som den Katolska Kyrkans (med påven som sitt huvud) undervisande auktoritet som legitima.

---

[1] Den protestantiska reformationen var inte en reform i ordets egentliga betydelse, utan snarare en revolution - en omstörtning av den tidens legitima, etablerade religiösa och civila ordning.

[2] *[Utgivarens anmärkning:* Motiven bakom Luthers "reaktion" är omdiskuterade; se t.ex. inledningen till Leo X: *Två bullor mot Martin Luther: Exsurge Domine och Decet Romanum Pontificem*, BoD, Stockholm, 2016.]

Den uppriktige sökaren måste således fråga sig huruvida Luthers lära om "skriften allena" innebar en autentisk återgång till en biblisk sanning eller kungörandet av en enskild individs personliga syn på kristen auktoritet. Luther var uppenbart lidelsefull i sina övertygelser som han spred framgångsrikt, men detta garanterar inte i sig att det som han lärde var riktigt. Då hans andliga välfärd, ja även hans eviga väl, står på spel, måste den kristtroende vara helt säker i denna fråga.

Vad som följer är tjugoen iakttagelser till läsarens hjälp för att granska Luthers lära om *sola scriptura* ur biblisk, historisk och logisk vinkel vilka visar att den i själva verket inte är en autentisk biblisk sanning utan snarare en människoskapad lära.

1. Läran om sola scriptura lärs inte ut någonstans i Bibeln

Det kanske mest slående skälet till att förkasta denna lära är att det inte finns en enda vers i Bibeln där den kommer till uttryck, och den blir därför en lära som vederlägger sig själv.

Protestanter hänvisar ofta till verser som 2 Tim. 3:16-17 eller Upp. 22:18-19 till försvar för *sola scriptura*, men närmare granskning av dessa två ställen visar tydligt att de inte alls ger stöd för läran.

2 Tim. 3:16-17 lyder: "All af Gud ingifven skrift är nyttig till undervisning, till bestraffning, till tillrättavisning, till uppfostran i rättfärdighet, på det att Guds människa må vara fullkomlig, rustad till allt godt verk." Det finns fem faktorer som undergräver en *sola scriptura*-tolkning av detta ställe:

1) Det grekiska ordet *ophelimos* som används i vers 16 betyder "användbar" eller "nyttig", inte "tillräcklig". Ett exempel på denna skillnad vore att säga att vatten är användbart för vår existens - t.o.m. nödvändigt - men inte tillräckligt; dvs. det är inte det enda vi behöver för att överleva. Vi behöver också syre, näring, kläder, tak över huvudet, etc. Likaså är Skriften användbar i den troendes liv, men den var aldrig ämnad att vara den enda källan till kristen troslära och det enda som de troende behöver.

2) Det grekiska ordet *pasa*, som ofta översätts som "all", betyder egentligen "varje", och hänvisar till vart och ett av de objekt som betecknas av det med det förbundna substantivet.[3] Med andra ord är grekiskan att förstå som att varje "skrift" är nyttig. Om läran om *sola scriptura* vore riktig, så skulle detta - med hänsyn till grekiskan i vers 16 - innebära att varje enskild bok i Bibeln kan stå på egna ben som det enda rättesnöret för tron, en ståndpunkt som är uppenbart absurd.

3) Den "skrift" som den hel. Paulus syftar på här är det Gamla Testamentet, ett faktum som görs klart av hans notering att Skriften är känd av Timoteus från "barndomen" (vers 15). Det Nya Testamentet som vi känner det fanns ännu inte eller

---

[3] W. E. Vine [protestantisk författare] *Vine's Expository Dictionary of New Testament Words* (McLean, VA: MacDonald Publishing House, n.d.), s. 387. Jfr St. Alfonso Maria de' Liguori, *An Exposition and Defence of all the Points of Faith Discussed and Defined by the Sacred Council of Trent: Along with a Refutation of the Errors of the Pretended Reformers*, etc. (Dublin: James Duffy, 1846), s. 50. *[Utgivarens anmärkning:* Sträng taget kan det grekiska *pan/pasa* betyda både "all" och "varje"; vilken översättning som är att föredra måste avgöras med hjälp av kontexten.]

var i bästa fall ofullständigt, så det kunde helt enkelt inte finnas med i den hel. Pauli uppfattning om vad som menas med begreppet "Skriften". Om vi tar den hel. Paulus på orden skulle *sola scriptura* därmed innebära att det Gamla Testamentet utgör de kristnas enda rättesnöre för tron. Det är en premiss som alla kristna skulle förneka.

Protestanter kanske invänder med att hävda att den hel. Paulus här inte diskuterar Bibelns *kanon* (den auktoritativa lista över vilka böcker ingår i Bibeln), utan snarare Skriftens *beskaffenhet*. Även om denna invändning äger viss giltighet så *är* frågan om kanon också relevant här av följande anledning: Innan vi kan diskutera Skriftens beskaffenhet som *theopneustos* eller "ingiven" (bokstavligen: inandad av Gud), är det absolut nödvändigt att vi med säkerhet identifierar de böcker vi syftar på när vi säger "Skriften"; annars kan fel skrifter markeras som "ingivna". Den hel. Pauli ord fick här uppenbarligen en ny dimension när det Nya Testamentet fullbordades, då kristna så småningom också kom att betrakta NT som en del av "Skriften". Man kan argumentera för att det också här är fråga om Bibelns kanon, då den hel. Paulus - som skriver under den Helige Andes ingivelse - betonar det faktum att *all* (och inte bara *viss*) skrift är ingiven. Frågan som dock här väcks är följande: "Hur kan vi vara säkra på att vi har *alla* de rätta texterna?" Självklart kan vi endast svara på frågan om vi vet vad Bibelns kanon är. En sådan fråga utgör ett problem för protestanten, men inte för katoliken, då den senare har en ofelbar auktoritet som ger svaret.

4) Det grekiska ordet *artios,* här översatt "fullkomlig", kan vid första anblick tyckas betyda att Skriften verkligen är allt som behövs. Man kan fråga sig, "när allt kommer omkring,

om Skriften gör Guds människa fullkomlig, vad kan då mer behövas? Innebär inte själva ordet 'fullkomlig' att ingenting saknas?"

Problemet med en sådan tolkning är att versen här inte säger att det *uteslutande* är genom Skriften som Guds människa blir fullkomlig. Versen pekar på - om något - just det motsatta som sanningen, nämligen att Skriften samverkar med andra saker. Notera att det inte är vem som helst som blir fullkomlig, utan snarare Guds människa, som betyder en präst (jfr 1 Tim. 6:11). Det faktum att denna individ är en av Kristi präster förutsätter att han redan har genomgått utbildning och undervisning som förberedde honom att tillträda sitt ämbete. Då så är fallet är Skriften endast en sak i en serie saker som gör denne gudsman "fullkomlig". Skriften kan fullborda hans repertoar av nödvändiga saker eller så kan den vara en framträdande punkt i denna, men säkert är den inte den *enda* saken i hans repertoar eller avsedd att vara *allt* han behöver.

Betrakta som liknelse en läkare. I denna kontext kan vi säga något i stil med: "The Physicians' Desk Reference [ett standardiserat medicinskt referensverk] gör vår allmänläkare fullkomlig så att han är förberedd på varje medicinsk situation." Uppenbarligen betyder inte ett sådant uttalande att allt en läkare behöver är ett exemplar av *PDR*. Den är varken den sista saken i hans repertoar eller endast en viktig sak. Läkaren behöver också sitt stetoskop, sin blodtrycksmätare, sin utbildning, etc. Alla dessa andra saker förutsätts av det faktum att vi talar om en läkare snarare än om en icke-medicinskt utbildad person. Det vore således ett misstag att anta att om

PDR gör läkaren "fullkomlig", så är det också det *enda* som gör honom "fullkomlig".

Att tolka ordet "fullkomlig" som "det enda nödvändiga föremålet" resulterar dessutom i en biblisk motsägelse, ty i Jak. 1:4 läser vi att uthållighet - snarare än Skriften - gör en fullkomlig: "Men uthålligheten har ett fullkomligt verk: på det att I skolen vara fullkomliga och hela, utan någon brist". Det är förvisso ett annat grekiskt ord (*teleios*) som används här för "fullkomlig", men faktum kvarstår att den grundläggande betydelsen är densamma. Om man nu villigt tillstår att uthållighet självklart inte är det enda en kristen behöver för att bli fullkomlig, så måste man i den logiska konsekvensens namn likaledes tillstå att Skriften inte är det *enda* som en "Guds människa" behöver för att vara fullkomlig.

5) Det grekiska ordet *exartizo* i vers 17, här översatt som "rustad" (i andra bibelversioner står det "väl rustad" eller "grundligt utrustad") framställs av protestanter som "bevis" för *sola scriptura*, då detta ord - återigen - kan tas för att betyda att inget annat behövs för "Guds människa". Men även om Guds människa kan vara "rustad" eller "grundligt utrustad", utgör detta faktum i sig själv ingen garanti på att han vet hur han korrekt skall tolka och tillämpa något givet ställe i Skriften. Prästen måste också läras hur han skall använda Skriften på ett korrekt sätt, även om han redan är "rustad" med den.

Låt oss återigen göra en medicinsk liknelse. Ponera att vi har en läkarstudent i början av sin praktikförlagda del av läkarutbildningen. Han må ha till sitt förfogande all nödvändig utrustning för att genomföra ett kirurgiskt ingrepp (dvs. han är "grundligt utrustad" eller "rustad"), men tills han spenderar tid med läkarna, som är auktoriteterna på området, och observerar deras tekniker, lär sig deras färdigheter och själv utför några ingrepp, så är de kirurgiska instrumenten till hans förfogande i huvudsak värdelösa. Faktum är att om han inte lär sig använda dessa instrument *på ett korrekt sätt*, så kan de i själva verket vara skadliga i hans händer.

Så är det med "Guds människa" och Skriften. Skriften är liksom de kirurgiska instrumenten endast livgivande när den används korrekt. När den används felaktigt kan det exakt motsatta resultatet följa. Instrumenten kan orsaka fysisk skada och t.o.m. död, Skriften kan orsaka andlig skada och t.o.m. andlig död. [Jfr 2 Pet. 3:15-16!] När Bibeln uppmanar oss att *rätt hantera* eller *rätt dela* sanningens ord (jfr 2 Tim. 2:15), varnar den oss därmed samtidigt för att *felaktigt hantera* eller *felaktigt dela* det - ungefär som en otränad läkarstuderande som hanterar sina kirurgiska instrument felaktigt.

Vad gäller Uppenbarelseboken 22:18-19 finns det två faktorer som undergräver *sola scriptura*-tolkningen av dessa verser. Stället - Bibelns nästan allra sista - lyder: "Ty jag betygar för hvar och en, som hör orden i denna boks profetia: Om någon lägger något till dem, på honom skall Gud lägga de plågor, som äro skrifna i denna bok; och om någon tager bort något från orden i denna boks profetia, så skall Gud borttaga hans del från lifvets bok och från den heliga staden och från det, som är skrifvet i denna bok".

1) När dessa verser säger att ingenting skall läggas till eller avlägsnas ifrån "orden i denna boks profetia", så avser de inte

helig Tradition som "läggs till" den heliga Skrift. Det är uppenbart utifrån kontexten att "boken" som här åsyftas är Uppenbarelseboken och inte hela Bibeln. Vi vet detta då den hel. Johannes säger att den som gör sig skyldig till att lägga till något till "denna bok" kommer att förbannas med plågor "som äro skrifna i denna bok", nämligen de plågor som *han* beskriver tidigare i *sin egen bok, Uppenbarelseboken*. Att hävda något annat är att göra våld på texten och att förvränga dess enkla innebörd, särskilt med tanke på att Bibeln så som vi känner den inte existerade när detta ställe skrevs och därför inte kan vara det som åsyftas.[4]

Som försvar av sin tolkning av dessa verser hävdar protestanten inte sällan att Gud i förväg visste vad Skriftens kanon skulle vara, med Uppenbarelseboken som Bibelns sista bok, och således "förseglade" Han denna kanon med orden i verserna 18-19. Men denna tolkning innebär att läsa in en mening texten. Om ett sådant påstående dessutom vore sant, hur kommer det sig att den kristne omisskännligt vet att Upp. 22:18-19 är en "försegling" av kanon, såvida inte en ofelbar undervisande auktoritet försäkrar honom om att detta är den korrekta tolkningen av verserna? [Bibeln själv säger inget om att verserna i fråga utgör någon "försegling", inte heller definieras kanon i Bibeln.] Men om en sådan ofelbar auktoritet existerar, så innebär det att *sola scriptura*-läran är *ipso facto* ogiltig och värdelös.

---

[4] Även om det Nya Testamentets samtliga böcker redan anses ha blivit nedskrivna när den hel. Johannes avslutade Uppenbarelseboken, identifierades de inte formellt som "Bibeln" förrän långt senare.

2) Samma uppmaning att inte lägga till eller dra ifrån ord används i 5 Mos. 4:2, som lyder: "I skolen icke lägga något till det som jag bjuder eder, och I skolen icke taga något därifrån; I skolen hålla Herrens, eder Guds, bud, som jag giver eder". Om vi skulle tillämpa en parallell tolkning på denna vers, så måste allt i Bibeln bortom de gammaltestamentliga lagförordningarna betraktas som icke-kanonisk eller icke-autentisk Skrift - inklusive det Nya Testamentet! Alla kristna skulle - återigen - förkasta en sådan slutsats i otvetydiga ordalag. Förbudet i Upp. 22:18-19 mot att "lägga till" kan således inte innebära att kristna är förbjudna att söka sig till något annat utanför Bibeln för vägledning.

2. Bibeln lär att vi förutom det skrivna Ordet skall godta muntlig Tradition

Den hel. Paulus både lovordar och anbefaller mottagandet av muntlig tradition. I t.ex. 1 Kor. 11:2 läser vi: "Jag prisar eder, bröder, att I i allting ihågkommen mig och hållen mina föreskrifter så, som jag gaf eder dem".[5] Den hel. Paulus lovordar uppenbarligen här upprätthållandet av den muntliga traditionen och det bör särskilt noteras att han lovordar de troende som har gjort detta ("Jag prisar eder..."). Explicit i denna vers är också det faktum att integriteten i denna apostoliska muntliga tradition tydligt har upprätthållits, precis som vår Herre lovade att den skulle, genom den Helige Andes beskydd (jfr Joh. 16:3).

---

[5] Ordet [gr. παραδόσεις, lat. præcepta] som översatts "föreskrifter" översätts också "undervisning" eller "traditioner". New International Version (NIV) översätter t.ex. ordet "undervisning" [liksom folkbibeln] med fotnoten: "Eller traditioner".

Det kanske tydligaste bibliska stödet för muntlig tradition finns i 2 Thess. 2:14(15) där de kristna faktiskt anbefalls: "Stån därför fast, bröder, och hållen eder vid det, som blifvit eder öfverlämnadt*, och som I hafven lärt, vare sig genom ord eller genom ett bref från oss".

*[*Översättarens notering: "Öfverlämnadt", i det grekiska originalet παραδόσεις, lat. traditiones, båda med betydelsen "det som har överlämnats" (traditioner), muntligen eller skriftligen. Jämför det svenska verbet "tradera", på latin tradere. S:t Johannes Chrysostomos kommenterar versen: "Det är således klart att apostlarne icke hafva meddelat allt genom bref, utan mycket skriften förutan. Bådadera förtjäna samma tro... Det är öfverlämning (tradition); fordra icke mer!"]*

Denna vers är signifikant då den 1) påvisar existensen av levande traditioner inom den apostoliska undervisningen, 2) informerar oss otvetydigt att de troende är fast förankrade i tron genom att följa dessa traditioner och 3) säger klart och tydligt att dessa traditioner var både skriftliga och muntliga. Då Bibeln här tydligt säger att muntliga traditioner – autentiska och av apostoliskt ursprung - skall "hållas" som en giltig del av *depositum fidei* ("trons förråd", det samlade trosinnehållet som förts vidare genom Kyrkan sedan apostlarnas tid), inställer sig frågan: Med vilken tankegång eller ursäkt avfärdar protestanterna dem? Med vilken auktoritet avvisar de en entydig befallning från den hel. Paulus?

Dessutom måste vi ta hänsyn till texten på detta ställe. Det grekiska ordet *krateite*, här översatt som "hållen", betyder "att vara stark, mäktig, att få överhanden".[6] Detta är ett tämligen emfatiskt språkbruk och det visar på vikten av att upprätthålla dessa muntliga traditioner. Naturligtvis måste man skilja mellan Tradition (med versalt T) som är en del av den gudomliga uppenbarelsen, och kyrkliga traditioner (med gement t), som, även om av godo, har utvecklats i Kyrkan senare och inte är en del av *depositum fidei*. Ett exempel på något som är en del av Traditionen är spädbarnsdop. Ett exempel på en kyrklig tradition är Kyrkans kalender för helgonens festdagar. Allt som är en del av Traditionen är av gudomligt ursprung och därmed oföränderligt, medan Kyrkans traditioner kan förändras av Kyrkan. Helig [apostolisk] Tradition tjänar som trosregel genom att visa vad Kyrkan konsekvent har trott på genom århundradena och hur den alltid har förstått någon given del av Bibeln. En av de viktigaste metoderna genom vilken Traditionen har förts vidare till oss är i troslärorna som finns i de antika liturgitexterna, Kyrkans offentliga tillbedjan.

Det bör noteras att protestanter anklagar katoliker att främja "obibliska" eller "nya" läror baserade på Traditionen, och hävdar att sådan Tradition innehåller doktriner som är främmande för Bibeln. Dock är detta påstående helt falskt. Den Katolska Kyrkan lär att den heliga Traditionen inte innehåller något som helst som strider mot Bibeln. Somliga katolska tänkare skulle till och med säga att det inte finns någonting i den heliga Traditionen som inte också återfinns i Skriften, åtminstone implicit eller som ett outvecklat frö. Säkert är att de två åtminstone står i fullkomlig harmoni med varandra

---

[6] Vine, a.a., s. 564

och alltid understödjer varandra. För somliga doktriner hämtar Kyrkan mer från Traditionen är från Skriften för dess förståelse, men även dessa doktriner är ofta underförstådda i eller antyds i den heliga Skrift. Till exempel är följande läror till största del baserade på den heliga Traditionen: Spädbarnsdop, Bibelns kanon, den saliga Jungfrun Marias eviga jungfrudom, söndagen (snarare än lördagen) som Herrens dag samt Jungfru Marias upptagning i himmelen.

Den heliga Traditionen kompletterar vår förståelse av Bibeln och är därför inte någon utomstående källa för uppenbarelsen som innehåller läror som är främmande för den. Tvärtom: Den heliga Traditionen fungerar som Kyrkans levande minne och påminner henne om vad de troende alltid och konsekvent har trott på och hur man korrekt bör förstå och tolka betydelsen av bibelställen.[7] På sätt och vis är det den heliga Traditionen som säger till bibelläsaren: "Du har läst en mycket viktig bok som innehåller Guds uppenbarelse till människan. Låt mig nu förklara för dig hur den alltid har tolkats och praktiserats av de troende från första början".

---

[7] Ett exempel på detta "tolkningsminne" rör Uppenbarelseboken 12. De tidiga kyrkofäderna förstod "kvinnan klädd i solen" som en hänvisning till Jungfru Marias upptagning i himmelen. Att hävda att denna doktrin inte existerade förrän 1950 (året då påven Pius XII formellt definierade doktrinen) är ett uttryck för okunnighet om den kyrkliga historien. I huvudsak troddes läran från första början, men definierades inte formellt förrän på 1900-talet. Man måste komma ihåg att Kyrkan ofta inte var i behov av att formellt definiera en lära förrän den formellt ifrågasattes av någon (oftast en heretiker). Sådana tillfällen gav upphov till behovet att formellt definiera "parametrarna" för läran i fråga.

3. Bibeln kallar Kyrkan - inte Bibeln - för "sanningens pelare och grundfäste"

Det är mycket intressant att vi i 1 Tim. 3:15 ser att inte Bibeln, utan Kyrkan - dvs. den levande trosgemenskapen grundad på den hel. Petrus och apostlarna och som leds av deras efterträdare - kallas "sanningens pelare och grundfäste". Naturligtvis är detta ställe inte på något sätt menat att förminska betydelsen av Bibeln, men det är menat att visa att Jesus Kristus faktiskt grundade en auktoritativ och undervisande Kyrka som fick i uppdrag att undervisa "alla folk" (Matt. 28:19). På andra ställen emottog samma Kyrka Kristi löfte om att helvetets portar inte skall få makt över henne (Matt. 16:18), att Han alltid skall vara med henne (Matt. 28:20) och att Han skulle sända henne den Helige Ande för att lära henne all sanning (Joh. 16:13). Till det synliga huvudet för Hans Kyrka, den hel. Petrus, sade vår Herre: "Och åt dig skall jag gifva himmelrikets nycklar. Och allt, hvad du binder på jorden, det skall ock vara bundet i himmelen; och allt hvad du löser på jorden, det skall ock vara löst i himmelen" (Matt. 16:19). Det framgår tydligt av dessa ställen att vår Herre betonade sin Kyrkas auktoritet och den roll hon skulle ha i att värna och definiera *depositum fidei*.

Det framgår också av dessa ställen att denna samma Kyrka skulle vara ofelbar, ty om hon någon gång under sin historia definitivt skulle lära Kyrkan i sin helhet förvillelser i frågor om tro eller moral - om så endast tillfälligt - skulle hon upphöra att vara "sanningens pelare och grundfäste". Då ett "grundfäste" eller en grundval till sin natur är tänkt att utgöra ett permanent stöd och då de ovan nämnda ställena inte tillåter någon möjlighet för Kyrkan att någonsin och definitivt undervisa doktrinära eller moraliska förvillelser, är den enda rimliga slutsatsen att vår Herre hade bestämda avsikter när Han grundade sin Kyrka och att Han syftade på hennes ofelbarhet när Han kallade henne för "sanningens pelare och grundfäste".

Protestanten står dock här inför ett dilemma när han hävdar att Bibeln allena är de troendes rättesnöre för tron. I vilken egenskap är då Kyrkan "sanningens pelare och grundfäste", om inte för att tjäna som en ofelbar auktoritet inrättad av Kristus? Hur kan Kyrkan vara denna "sanningens pelare och grundfäste" om hon inte har någon konkret och praktisk förmåga att fungera som en myndighet i den kristnes liv? Protestanten skulle i praktiken förneka att Kyrkan är "sanningens pelare och grundfäste" genom att förneka att Kyrkan har makt och mandat att undervisa.

Dessutom förstår protestanten termen "kyrka" som något annat än vad den Katolska Kyrkan förstår den. Protestanterna ser "kyrkan" som en osynlig enhet och för dem syftar den på alla kristna *kollektivt* i hela världen som förenas i tron på Kristus, trots stora skillnader i läror och konfessionell tillhörighet. Katolikerna, å andra sidan, förstår termen som betydande inte endast de sanna troende som är förenade i Kristi mystiska kropp, utan också som en synlig och historisk enhet, nämligen den - och endast den - organisation som kan spåra sin härstamning i en obruten linje tillbaka till apostlarna själva: Den Katolska Kyrkan. Det är *denna* Kyrka och denna Kyrka *allena* som grundades av Kristus och som har bibehållit en absolut doktrinär konsekvens genom hela sin existens, och det är därför denna Kyrka allena som kan göra anspråk på att vara just "sanningens pelare och grundfäste".

Protestantismen har i jämförelse en känd historia av doktrinär hållningslöshet och förändringar, och det finns inte två samfund som är helt och hållet överens - inte ens vad gäller de stora lärofrågorna. Sådana växlingar och skiftningar kan omöjligen betraktas som en grundval eller "grund för sanningen". När en strukturs grund flyttar sig eller är felaktigt konstruerad, är strukturens själva stöd otillförlitligt (jfr Matt. 7:26-27). Då protestantismens trosläror i praktiken har genomgått förändringar både inom samfunden och genom den aldrig upphörande uppkomsten av nya samfund, är dessa trosläror som en grund som flyttar och rör sig. Sådana trosläror upphör därför att ge det stöd som behövs för att upprätthålla den struktur de håller uppe, och denna strukturs integritet äventyras. Vår Herre hade självklart inte för avsikt att Hans efterföljare skulle bygga sina andliga hus på en så opålitlig grund.

4. Kristus vill att vi underställer oss Kyrkans auktoritet

I Matteus 18:15-18 ser vi att Kristus instruerar sina lärjungar om hur man skall tillrättavisa en medtroende. Det är mycket talande i detta fall att vår Herre betecknar Kyrkan snarare än Skriften som den slutgiltiga auktoriteten att överklaga till. Han säger själv om en felande broder: "men hör han icke kyrkan, så vare han för dig såsom en hedning och tullnär" (Matt. 18:17) - dvs. en främling som är förlorad. Vår Herre betonar sedan dessutom åter Kyrkans ofelbara undervisande auktoritet i vers 18 genom att upprepa Sina tidigare uttalanden om makten att binda och lösa (Matt. 16:18-19), och riktar sig denna gång till apostlarna som grupp[8] snarare än till endast Petrus: "Sannerligen säger jag eder: Allt, hvad I binden på jorden, skall ock vara bundet i himmelen, och allt, hvad I lösen på jorden, skall ock vara löst i himmelen" (Matt. 18:18).

Självklart förekommer det i Bibeln att Herren åberopar sig på Skriften, men i dessa fall var det Han själv, som den som äger auktoritet, som *undervisade i Skriften*; Han tillät inte Skriften att *undervisa sig själv*. T.ex. svarade Han de skriftlärde och fariséerna med hjälp av Skriften just eftersom de ofta försökte att sätta krokben för Honom med hjälp av Skriften. I dessa fall visar ofta vår Herre hur de skriftlärde och fariséerna hade felaktiga tolkningar, och således rättar Han dem genom att *korrekt* tolka Skriften.

Hans handlingar gör inte gällande att Skriften bör vara *sola*, eller en auktoritet i sig självt och, i själva verket, den enda kristna auktoriteten. Tvärtom, när Kristus hänvisar sina åhörare till Skriften, gör Han alltid detta tillsammans med sin ofelbara, auktoritativa *tolkning* av den, vilket visar att Skriften *inte* kan tolka sig själv.

---

[8] Katolsk lära säger att "biskopskollegiet", apostlarnas efterträdare, också undervisar ofelbart när de, i förening med påven, "utövar det högsta läroämbetet tillsammans med Petrus efterträdare, framför allt på ett ekumeniskt koncilium" (Katolska Kyrkans katekes, 891). "Binda och lösa" är rabbinsk terminologi och åsyftar auktoriteten att avkunna officiell tolkning och läroundervisning. Kristus avsåg alltså klart att Hans apostlar, under ledning av den hel. Petrus (ty den hel. Petrus allena bemyndigades med nyckelmakten) skulle äga makten att utfärda dessa auktoritativa tolkningar och läror.

Den Katolska Kyrkan erkänner ivrigt Skriftens ofelbarhet och auktoritet. Men den katolska läran säger att det omedelbara rättesnöret för kristen tro är Kyrkans undervisande auktoritet - en auktoritet att undervisa och tolka både Skrift och Tradition, vilket Matt. 18:17-18 visar.

Det bör också noteras att implicit (kanske t.o.m. explicit) i detta ställe från Matteus ligger det faktum att "Kyrkan" måste ha varit en synlig, påtaglig enhet etablerad på ett hierarkiskt sätt. Hur skulle någon annars kunna veta vart och till vem man skulle skicka den felande brodern? Om den protestantiska definitionen av "kyrka" vore riktig, skulle den felande brodern vara tvungen att "höra" varje enskild troende som någonsin fanns i hopp om att enhällighet fanns bland dem angående det aktuella spörsmålet. Absurditeten i detta scenario är alldeles uppenbart. Det enda sätt vi kan göra vår Herres utsaga begriplig är att erkänna att här fanns en bestämd och avgränsad organisation till vilken en vädjan kunde framställas och från vilken ett slutgiltigt domslut kunde erhållas.

5. Skriften själv säger att den i sig själv är otillräcklig som lärare, utan snarare behöver en uttolkare

Bibeln säger i 2 Tim. 3:17 att Guds människa är "fullkomlig, rustad till allt godt verk". Som vi noterade ovan betyder denna vers endast att Guds människa är fullt utrustad med Skriften; det är inte en garanti för att hon automatiskt vet hur man korrekt skall tolka den. Med denna vers kan man på sin höjd argumentera för Skriftens *materiella tillräcklighet*, vilket också görs av somliga katolska tänkare idag.

"Materiell tillräcklighet" skulle betyda att Bibeln på något sätt innehåller alla sanningar som är nödvändiga för den troende att känna till - med andra ord skulle samtliga "materialier" vara närvarande eller åtminstone underförstådda. "Formell tillräcklighet", å andra sidan, skulle innebära att Bibeln inte bara skulle innehålla alla de sanningar som är nödvändiga, men att den också skulle lägga fram dessa sanningar på ett helt klart och fullständigt och begriplig sätt. Med andra ord skulle dessa sanningar föreligga i "användbar form" och därmed skulle det inte finnas något behov av en helig Tradition för att förtydliga och komplettera den eller för en ofelbar undervisande myndighet att korrekt tolka den eller "rätt dela" Guds ord.

Då den Katolska Kyrkan hävdar att Bibeln inte är tillräcklig i sig, lär hon givetvis att Bibeln behöver en uttolkare. Anledningarna till att den Katolska Kyrkan så undervisar är tvenne: För det första, då Kristus grundade en levande Kyrka till att undervisa med Hans auktoritet. Han gav inte bara sina lärjungar en Bibel, hel och komplett, och sade åt dem att gå ut i världen och kopiera den för massdistribution och tillåta att människor gör vilka tolkningar som helst av den. För det andra, då Bibeln själv säger att den behöver en uttolkare.

Vad gäller den andra punkten läser vi i 2 Pet. 3:16 att det i den hel. Pauli epistlar finns "åtskilligt svårt att förstå, som de okunniga och obefästade, i likhet med de öfriga skrifterna, förvrida till sin egen förtappelse".

I denna enda vers noterar vi tre mycket viktiga saker om Bibeln och dess tolkning: a) Bibeln innehåller ställen som inte är lättförståeliga eller tydliga, ett faktum som påvisar behovet av en myndig och ofelbar lärare som gör ställena tydliga och förståeliga;[9] b) det är inte bara möjligt att folk riskerar "förvrida" eller förvränga Skriftens mening, utan i själva verkan har detta också verkligen skett alltsedan Kyrkans tidigaste dagar; och c) att förvränga Skriftens mening kan resultera i ens "förtappelse", ett sannerligen katastrofalt öde. Det är uppenbart utifrån dessa överväganden att den hel. Petrus inte trodde att Bibeln är rättesnöret för tron. Men detta är inte allt.

I Apg. 8:26-40 läser vi om diakonen S:t Filippus och den etiopiske hovmannen. I denna scen leder den Helige Ande Filippus till att närma sig etiopiern. När Filippus får veta att etiopiern läser från profeten Isaias, ställer han en mycket talande fråga: "Tror du, att du förstår, hvad du läser?" Än mer talande är etiopierns svar: "Huru kan jag det, utan att någon undervisar mig?"

Även om denne S:t Filippus (känd som "evangelisten") inte är en av de tolv apostlarna, så var han ändock bemyndigad av apostlarna (jfr Apg. 6:6) och predikade evangelium med

---

[9] Protestanternas påstående att Bibeln är sin egen uttolkare är inget annat än en övning i nonsens. De hävdar att en person korrekt kan tolka vilken bibelbok som helst genom att jämföra den med vad resten av Bibeln lär. Problemet med detta resonemang kan lätt demonstreras. Be tio personer att göra sina respektive tolkningar av ett visst bibelställe, och du kan få så många som tio olika förklaringar. Om Bibeln kan tolka sig själv, som protestanterna påstår, varför får du då inte alltid tio identiska tolkningar, även om du ger dessa försökspersoner gott om tid för att studera och undersöka? Och om denna tolkningsdiskrepans kan påvisas med endast tio personer, betänk då resultatet om du multiplicerar detta antal med ett hundra, ett tusen eller en miljon. Historien har redan bevittnat resultatet, och dess namn är protestantism.

auktoritet (jfr Apg. 8:4-8). Följaktligen speglade hans förkunnelse autentisk apostolisk undervisning. Poängen är att etiopierns uttalande verifierar det faktum att Bibeln inte är tillräcklig i sig som lärare av kristen doktrin och att människor som hör Ordet behöver en myndighet för att rätt undervisa dem så att de kan förstå vad Bibeln säger. Om Bibeln verkligen vore tillräcklig i sig skulle hovmannen inte vara okunnig om innebörden av stället från Isaias.

Vi har också 2 Pet. 1:20 som säger att "ingen skriftens profetia tillkommer genom egen tolkning". Här ser vi att Bibeln själv anger i otvetydiga ordalag att dess profetior inte är en fråga som individen själv skall göra tolkningar om. Det är också mycket talande att denna vers föregås av ett stycke om det apostoliska vittnet (verserna 12-18) och följs av ett stycke om falska lärare (kapitel 2, verserna 1-10). Den hel. Petrus kontrasterar uppenbarligen autentisk apostolisk undervisning med falska profeter och falska lärare, och han betecknar privat tolkning som den avgörande punkten mellan de två. Den tydliga innebörden är att privat tolkning är en väg på vilken den enskilde vänder sig bort från autentisk lära för att följa irrläror.

6. De första kristna hade ingen Bibel

Bibelforskarna säger oss att den sista boken i det Nya Testamentet inte skrevs ner förrän i slutet på första århundrandet, dvs. omkring år 100 e.Kr.[10] Detta skulle innebära ett gap på

---

[10] Somliga bibelforskare menar att Petri andra brev var den sista nytestamentliga bok som skrevs ner och daterar den till det första århundradets första hälft. Då det inte råder samstämmighet bland forskarna att denna

ungefär 65 år mellan vår Herres himmelsfärd och Bibelns fullbordande såsom vi känner den. Den fråga som här låter sig ställas är: "Vem eller vad tjänade som den slutgiltiga och ofelbara auktoriteten under denna tid?"

Om den protestantiska doktrinen *sola scriptura* vore riktig, skulle det innebära att det, eftersom Kyrkan en tid existerade utan Guds hela skrivna Ord, skulle ha uppkommit situationer och läroträtor som inte lät sig slutgiltigt lösas förrän alla nytestamentliga böcker var sammanställda. Skeppet skulle, så att säga, ha lämnats utan roder för åtminstone en tid. Men en sådan tanke går stick i stäv med de uttalanden och löften som vår Herre lämnade till Sin Kyrka - i synnerhet "och se; jag är med eder alla dagar intill världens ände" (Matt. 20:28) - för att inte tala om vad Han sa till sina lärjungar: "Jag skall icke lämna eder faderlösa." (Joh. 14:18).

Denna fråga är av särskild betydelse då de första decennierna av Kyrkans existens var stormiga. Förföljelserna hade redan börjat, de troende led martyrdöden, den nya tron kämpade för att växa och falska läror hade redan dykt upp (jfr Gal. 1:6-9). Om Bibeln var de kristnas enda rättesnöre för tron och Bibeln inte var helt nedskriven - än mindre fastslagen i termer av kanon - förrän 65 år efter Kristi himmelsfärd, hur kunde alls Kyrkan behandla lärofrågor utan en auktoritet som visade hur man skulle gå till väga?

---

tidsbestämning är korrekt, är det tillräckligt för våra syften här att godta den allmänt accepterade uppfattningen att alla nytestamentliga böcker var fullständiga vid tiden för Uppenbarelsebokens nedtecknande.

Här lockas kanske protestanten att erbjuda två möjliga svar:
1) Att apostlarna utgjorde tillfällig och slutgiltig myndighet
medan det Nya Testamentet höll på att skrivas och 2) att den
Helige Ande var lovad till Kyrkan och att Hans direkta led-
ning är vad som överbryggade tidsgapet mellan vår Herres
himmelsfärd och färdigställandet av det Nya Testamentet.

Beträffande det första svaret är det sant att Jesus Kristus för-
såg apostlarna med Sin auktoritet - men ingenstans i Bibeln
antyds det att denna myndighets aktiva roll inom Kyrkan
skulle komma att upphöra med den siste apostelns död.
Tvärtom är det i Bibeln helt klart att a) det ingenstans står
att den *skrivna* formen av Guds Ord skall utgöra slutgiltig
auktoritet när den siste aposteln väl har avlidit och b) att
apostlarna uppenbart valde efterträdare som i sin tur ägde
samma auktoritet att "binda och lösa". Detta visas med valet
av Mattias som ersättare för Judas Iskariot (jfr Apg. 1:15-26)
och i den hel. Pauli utläggningar om sin apostoliska auktori-
tet till Timoteus och Titus (jfr 2 Tim. 1:6, Tit. 1:5). Om nå-
got stödjer endast protestanten den katolska läran genom att
trycka på apostlarnas auktoritet.

Beträffande det andra svaret - att den Helige Andes direkta
ledning överbryggade tidsgapet - är problemet med en sådan
ståndpunkt att ledning av den Helige Ande själv utgör en
utombiblisk (dvs. "utanför Bibeln") källa till auktoritet. Na-
turligtvis talar Bibeln mycket tydligt om den Helige Andes
närvaro bland de troende och Hans roll i att undervisa lär-
jungarna "all sanning", men om den Helige Andes *direkta*
ledning faktiskt var den slutgiltiga auktoriteten under dessa
65 år, så skulle Kyrkans historia ha bevittnat två på varandra

följande slutgiltiga auktoriteter: Först den Helige Andes direkta vägledning, vilken sedan ersattes med Skriften, som blev *sola* eller "allena" slutgiltig auktoritet. Och om detta scenario med en utombiblisk auktoritet är godtagbart ur ett protestantiskt perspektiv, öppnas då inte dörren för den katolska ståndpunkten som säger att Kyrkans undervisande auktoritet är den direkta och slutgiltiga auktoriteten, att hon får sin auktoritet från Kristus och sin undervisning från Skriften och Traditionen, vägledd av den Helige Ande?

Den Helige Ande sändes till Kyrkan av Jesus Kristus, och det är exakt samma Ande som skyddar Kyrkans synliga huvud, påven och Kyrkans undervisande myndighet genom att aldrig låta honom råka in i irrlära. Katoliken tror verkligen att Kristus sände den Helige Ande till Kyrkan och att den Helige Ande alltid har varit närvarande i Kyrkan och undervisar henne all sanning (Joh. 16:13) och fortsätter att värna hennes doktrinära integritet, särskilt genom det påvliga ämbetet. Således skulle Evangelium fortfarande ha predikats, auktoritativt och ofelbart, även om inte ett enda ord i det Nya Testamentet någonsin hade skrivits ner.

7. Bibeln är en frukt av Kyrkan - inte tvärtom

Läran om *sola scriptura* förbiser - eller förringar åtminstone grovt - det faktum att Kyrkan kom före Bibeln och inte tvärtom. Det var i själva verket Kyrkan som skrev Bibeln under ingivelse av Gud allsmäktig: Israeliterna som den gammaltestamentliga Kyrkan (eller "pre-katolikerna") och de tidiga katolikerna som den nytestamentliga Kyrkan.

På det Nya Testamentets blad kan vi konstatera att vår Herre ger ett särskilt företräde till Sin Kyrkas undervisande auktoritet och hennes proklamerande i Hans namn. T.ex. i Matteus 28:20 ser vi att vår Herre befaller apostlarna att gå och *lära* i Hans namn och göra lärjungar av alla nationer. I Markus 16:15 noterar vi att apostlarna befalls att gå och *predika* för hela världen. Och i Lukas 10:16 ser vi att den som *hör* de sjuttiotvå hör vår Herre. Dessa fakta är mycket talande då vi ingenstans ser vår Herre befalla sina apostlar att evangelisera världen genom att skriva i Hans namn. Tyngdpunkten ligger alltid på att *predika* evangeliet, inte att trycka och distribuera det.

Således betyder det att Kyrkans ledarskap och undervisande auktoritet utgör oumbärliga inslag ibland de medel med vilka evangeliets budskap skall nå ända till världens ände. Då Kyrkan frambringade Skriften är det fullt bibliskt, logiskt och rimligt att säga att Kyrkan allena äger befogenhet att rätt tolka och tillämpa den. Och om så är fallet, kan Bibeln på grund av sitt ursprung och sin beskaffenhet inte fungera som det *enda* rättesnöret för de kristtroende. Med andra ord - genom att frambringa Skriften eliminerar inte Kyrkan behovet av sig själv som lärare och uttolkare av denna Skrift.

Dessutom, är det inte orimligt att säga att bara genom att skriva ned den apostoliska undervisningen, så har Kyrkan på något sätt gjort denna skriftliga undervisning överordnad sin muntliga undervisning? Liksom den undervisande organisation som vår Herre grundade, är Hans Ord auktoritativt, men bara för att ordet är i en *form* snarare än i en annan så betyder inte det att en form är underordnad den andra. Då

Guds *enda* uppenbarelse är *tvåfaldig* i form, innebär förnekelse av den ena formens auktoritet även förnekelse av den andra formen. Formerna av Guds Ord är komplementära, de konkurrerar inte med varandra. Om det således finns ett behov av Skriften så finns det också ett behov av den undervisande auktoritet som frambringade den.

8. Idén om att Skriftens auktoritet är skild från den undervisande Kyrkans auktoritet är helt främmande för den tidiga Kyrkan

Om man betraktar de tidiga kyrkofädernas skrifter ser man hänvisningar till den apostoliska successionen,[11] till biskoparna som väktare av *depositum fidei* (det samlade trosinnehållet)[12] och till Roms överhöghet och auktoritet.[13] Den samlade tyngden av dessa hänvisningar klargör det faktum att den tidiga Kyrkan förstod sig själv som i besittning av en hierarki som var central för att upprätthålla trons integritet. Ingenstans ser vi några tecken på att Kristi tidiga efterföljare bortsåg från dessa auktoritetsställningar och ogiltigförklarade dem som trosregel. Tvärtom ser vi i dessa texter att Kyrkan,

---

[11] Se t.ex. Irenaeus *Mot heresierna* bok 3, kap. 3, Tertullianus *Om föreskriften mot heretikerna* kap. 32 och Origenes *Om ursprungen* bok 1, Förord.

[12] Se t.ex. Ignatius av Antiokia *Brev till smyrnierna* kap. 8-9, Ignatius av Antiokia *Brev till filadelfierna* Inledning och kap. 1-4 och Ignatius av Antiokia *Brev till magnesierna* kap. 7.

[13] Se t.ex. *Första Clemensbrevet* kap. 2, 56, 58, 59, Ignatius av Antiokia *Brev till romarna* Inledning och kap. 3, Irenaeus *Mot heresierna* bok 3, kap. 3, nr. 2, Tertullianus *Om föreskriften mot heretikerna* kap. 22 och Eusebius av Caesarea *Kyrkohistoria* bok 5, kap. 24, nr. 9.

från själva begynnelsen, betraktade sin befogenhet att undervisa som grundad i en oskiljaktig förening av Skrift och apostolisk Tradition - med båda auktoritativt utlärda och uttolkade av Kyrkans undervisande Magisterium (läroämbete) med Roms biskop som sitt huvud.

Att säga att den tidiga Kyrkan trodde på idén om "Skriften allena" vore analogt med att säga att män och kvinnor idag kan tro att vår civilrätt kan fungera utan att kongressen lagstiftar om den, utan att domstolar tolkar den och utan att polis upprätthåller den. Allt vi behöver är ett tillräckligt lager av lagböcker i varje hushåll så att varje medborgare själv kan avgöra hur man skall förstå och tillämpa lagarna. Ett sådant scenario är naturligtvis absurt då ingen rimligen kan förvänta sig att civilrätten skulle fungera på detta sätt. Konsekvensen av en sådan situation skulle utan tvekan vara total anarki.

Hur mycket mer absurt är det då inte att påstå att Bibeln skulle kunna fungera på egen hand och skild från Kyrkan som skrev den? Det är just denna Kyrka - och inte vilken enskild kristen som helst - som allena besitter den gudagivna befogenheten att korrekt tolka den såväl som att lagstifta om frågor som rör hennes medlemmars moraliska uppförande. Vore så inte fallet skulle situationen på alla nivåer - lokal, regional och global - snabbt förfalla till andlig anarki där varje kristen själv kunde formulera ett teologiskt system och utveckla en moralkodex baserad på sin egen privata tolkning av Skriften.

Har då historien inte redan skådat resultatet av detta sedan 1500-talet då den så kallade reformationen ägde rum? En granskning av läget i Europa omedelbart efter reformationens födelse - särskilt i Tyskland - kommer i själva verket att visa att det omedelbara resultatet av reformationens läror var både andligt och samhälleligt kaos.[14] Luther själv beklagade det faktum att "tyvärr är det vår dagliga erfarenhet att folket nu under evangeliet hyser större och hätskare hat och avund och är värre i sin girighet och galenskap efter pengar än förut under pävedömet".[15]

9. Heresiarker och kätterska rörelser grundade sina läror på Skriften tolkad utan hänsyn till Traditionen och Magisteriet

Om man betraktar Kyrkans tidiga historia ser man att hon ständigt kämpar mot irrläror och deras förespråkare. Man ser också att Kyrkan svarar på dessa hot om och om igen genom att sammankalla koncilier[16] och vända sig till Rom för att lösa tvister i frågor om doktrin och kyrkotukt. T.ex. ingrep påven Clemens i en kontrovers i kyrkan i Korint i slutet av det första århundradet och satte där stopp för en schism. På 100-talet hotade påven Viktor med att exkommunicera en stor del av Kyrkan i öst på grund av en tvist om när påsken skulle firas. På tidigt 200-tal fördömde påven Calixtus den sabellianska heresin.

---

[14] Se jur. dr Msgr. Patrick F. O'Hare, *The Facts about Martin Luther* (Cincinnati: Pustet, 1916; Rockford, IL: TAN, 1987), ss. 215-255.

[15] Walch, XIII, 2195, citerad i *The Facts About Luther* (Cincinnati: Pustet, 1916; Rockford, IL: TAN, 1987), ss. 215-255.

[16] Kom ihåg att ett ekumeniskt konciliums dekret inte var bindande såvida de inte ratificerades av påven.

I fallet med de irrläror och/eller konflikter kring kyrkotukten som uppstod försvarade de inblandade personerna sina förvillelser med sina respektive tolkningar av Skriften utan hänsyn till den heliga Traditionen och Kyrkans undervisande magisterium. Ett slående exempel är fallet med Arius, prästen på 300-talet som förklarade att Guds Son var en skapad varelse och inte jämbördig med Fadern.

Arius och de som följde honom citerade verser ur Bibeln för att "bevisa" sina anspråk.[17] De tvister och kontroverser som uppstod till följd av hans läror blev så omfattande att det första ekumeniska konciliet sammankallades i Nicaea år 325 e.Kr. för att lösa dem. Konciliet, under påvens auktoritet, förklarade Arius' läror för heretiska och utfärdade några avgörande deklarationer om Kristi person, och konciliet gjorde detta grundat på vad den heliga Traditionen hade att säga vad gäller bibelverserna i fråga.

Här ser vi hur Kyrkans undervisande auktoritet används som sista ordet i en oerhört viktig doktrinär fråga. Om det inte hade funnits någon undervisande auktoritet att vädja till hade Arius' irrlära kunnat ta över Kyrkan. Faktum är att en majoritet av biskoparna vid denna tidpunkt föll i den arianska heresin.[18] Även om Arius grundade sina argument på Bibeln och förmodligen "jämförde Skriften med Skriften", kvarstår faktum att han kom fram till en kättersk slutsats. Det var Kyrkans undervisande auktoritet - hierarkiskt inrättad - som ingrep och förklarade att han hade fel.

---

[17] Två favoritverser för alla tiders arianer att citera till stöd för sin tro är Ords. 8:22 och Joh. 14:28.

[18] Se John Henry Newman, *The Arians of the Fourth Century.*

Tillämpningen är uppenbar. Om du frågar en protestant huruvida Arius hade rätt i sin tro att Sonen var en skapad varelse, kommer han naturligtvis att svara nekande. Poängtera då att även om Arius förmodligen "jämförde Skriften med Skriften", kom han ändå fram till en felaktig slutsats. Om så är fallet för Arius, vilka garantier har då protestanten för att inte så också är fallet för *hans* tolkning av ett visst bibelställe? Själva det faktum att protestanten vet att Arius' tolkningar var heretiska antyder att en objektivt sann eller "riktig" tolkning finns för de bibelställen som han använde. Problemet blir här då en fråga om hur vi kan veta vilken tolkning som är den sanna. Det enda möjliga svaret är att det av nödvändighet måste finnas en ofelbar auktoritet som berättar det för oss. Denna ofelbara auktoritet, den Katolska Kyrkan, förklarade Arius för kättersk. Hade den Katolska Kyrkan inte varit både ofelbar och auktoritativ i sin förklaring, skulle de troende inte ha haft någon som helst anledning till att förkasta Arius' läror och hela kristendomen idag skulle kunna ha bestått av moderna arianer.

Det är alltså uppenbart att användning av Bibeln allena inte utgör någon garanti för att nå doktrinär sanning. Det ovan beskrivna blir resultatet när den felaktiga läran *sola scriptura* används som rättesnöre, och Kyrkans historia och de många villoläror hon har haft att bemöta bär ett obestridligt vittnesbörd om detta faktum.

10. Bibelns kanon fastslogs inte förrän på 300-talet

Ett historiskt faktum som är ytterst besvärande för protestanten är att Bibelns kanon - den auktoritativa lista över exakt vilka böcker som ingår i den inspirerade Skriften - inte avgjordes och fastställdes förrän på slutet av 300-talet. Fram till den tiden rådde stor oenighet om vilka bibelskrifter som ansågs inspirerade och apostoliska till ursprunget. Den bibliska kanon varierade från plats till plats: vissa listor inkluderade böcker som senare definierades som icke-kanoniska, medan andra saknade böcker som senare definierades som kanoniska. T.ex. fanns det tidiga kristna skrifter som av somliga betraktades som inspirerade och apostoliska och som t.o.m. lästes i kristen offentlig gudstjänst, men som senare utelämnades från Nya Testamentets kanon. Exempel på sådana skrifter är bl.a. Hermas' Herden, Barnabasbrevet och Didache.[19]

Det var inte förrän vid konciliet i Rom (382) och koncilierna i Hippo (393) och Kartago (397) som vi finner att en slutgiltig lista över kanoniska böcker utarbetas, och vart och ett av dessa koncilier erkände samma lista med böcker.[20] Från och med nu finns det i praktiken inga diskussioner om Bibelns kanon, med de s.k. protestantiska reformationerna som det enda undantaget, vilka äntrade scenen år 1517, otroliga 11 århundraden senare.

---

[19] Henry G. Graham, *Where We Got the Bible: Our Debt to the Catholic Church* (St. Louis: B. Herder, 1911; Rockford, IL: TAN, 1977, 17:e utgåvan), ss. 34-35.

[20] Denna lista är densamma som i Kyrkans slutgiltiga, definitiva, explicita och ofelbara deklaration om vilka böcker som skall ingå i Bibeln, som gjordes av konciliet i Trient, session IV, år 1546. Tidigare listor över kanoniska böcker var listan i *Decretum Gelasianum* (Gelasius' dekret) som utfärdades med påve Damasus I:s godkännande år 382, och påven S:t Innocentius I:s kanon, som skickades till en frankisk biskop år 405. Ingetdera av dessa dokument syftade till att utgöra ett ofelbart uttalande som binder hela Kyrkan, men båda dokumenten inkluderar samma 73 böcker som finns på listan i Trient ca 11 århundraden senare (*The Catholic Encyclopedia* [New York: The Encyclopedia Press, 1913], Vol. 3, s. 272).

Återigen inställer sig två avgörande frågor vilka inte låter sig besvaras i samklang med *sola scriptura*: A) Vem eller vad fungerade som slutgiltig kristen auktoritet fram tills dess att det Nya Testamentets kanon identifierades? B) Och om det fanns en slutgiltig auktoritet som protestanten erkänner före kanons fastställande, på vilka grunder upphörde denna auktoritet att vara slutgiltig när Bibelns kanon väl var fastställd?

11. En "utombiblisk" auktoritet identifierade Bibelns kanon

Då ingen inspirerad innehållsförteckning medföljde Bibeln ger läran om *sola scriptura* upphov till ännu ett dilemma: Hur kan man med säkerhet veta vilka böcker som hör hemma i Bibeln - i synnerhet i det Nya Testamentet? Ett rent faktum är att man inte kan veta såvida det inte finns en auktoritet utanför Bibeln som kan tillhandahålla denna information. Dessutom måste denna myndighet med nödvändighet vara ofelbar, eftersom risken för felsteg i identifieringen av Bibelns kanon[21] skulle innebära att alla troende riskerar att ha fel böcker i sina Biblar, en situation som skulle fördärva *sola scriptura*. Men om det finns en sådan ofelbar myndighet så faller *sola scriptura* samman.

Ett annat historisk faktum som är mycket svårt att förlika med läran om *sola scriptura* är att det var ingen annan än den Katolska Kyrkan som så småningom identifierade och ratifi-

---

[21] Läsaren bör notera att den Katolska Kyrkan inte påstår att hon genom att identifiera Bibelns böcker gjorde dem kanoniska. Gud allena är upphovsman till kanoniciteten. Den Katolska Kyrkan hävdar istället att hon, och hon allena, har makt och mandat att ofelbart *peka ut* vilka böcker som utgör den bibliska kanon som redan har Gud som upphovsman.

cerade Bibelns kanon. De tre ovannämnda koncilierna var samtliga denna Kyrkas koncilier. Den Katolska Kyrkan meddelade sin slutgiltiga, definitiva och ofelbara definition av Bibelns kanon vid konciliet i Trient år 1546 och uppgav samma lista på 73 böcker som hade inkluderats på 300-talet. Om den Katolska Kyrkan alltså kan fatta att auktoritativt och ofelbart beslut om en så viktig fråga som vilka böcker som hör hemma i Bibeln, på vilka grunder skulle då en person ifrågasätta hennes auktoritet i andra tros- och moralfrågor?

Protestanter bör åtminstone medge en poäng som Martin Luther, deras religionsgrundare, också medgav, nämligen att den Katolska Kyrkan skyddade och identifierade Bibeln: "Vi är skyldiga att erkänna katolikerna för mycket - (t.ex.) att de är i besittning av Guds Ord som vi fått från dem, annars skulle vi inte ha vetat något alls om det".[22]

12. Tron på Bibeln som "självauktoriserande" är ohållbar

Då protestanterna saknar ett tillfredställande svar på frågan om hur Bibelns kanon fastställdes, tar de sin tillflykt till föreställningen att Skriften skulle vara "självauktoriserande", dvs. att bibelböckerna utifrån sig själva vittnar om att de är ingivna av Gud. Det främsta problemet med ett sådant påstående är helt enkelt att även en snabb granskning av kyrkohistorien visar att detta är helt och hållet felaktigt.

---

[22] *Kommentar till Johannesevangeliet* kap. 16, citerad i Paul Stenhouses' *Catholic Answers to "Bible" Christians* (Kensington: Chevalier Press, 1993), s. 31.

Till exempel var under en tid flera nytestamentliga böcker - Jakobsbrevet, Judasbrevet, Andra Petrusbrevet, Andra Johannesbrevet, Tredje Johannesbrevet och Uppenbarelseboken - ifrågasatta när det gäller deras kanoniska ställning. På vissa platser godtogs de samtidigt som de förkastades på andra. Även andliga giganter som S:t Athanasius (297-373), S:t Hieronymus (342-420) och S:t Augustinus (354-430) upprättade listor över det Nya Testamentets böcker vilka motsvarade vad som var allmänt erkänt som inspirerat på deras tid och plats, men inga av dessa listor överensstämmer exakt med den nytestamentliga kanon som så småningom identifierades av den Katolska Kyrkan i slutet av 300-talet och som är identisk med den kanon som katoliker har idag.[23]

Om Skriften verkligen vore "självauktoriserande", varför fanns det så mycket oenighet och ovisshet om dessa böcker? Varför fanns det någon oenighet alls? Varför var inte Bibelns kanon identifierad mycket tidigare om böckerna var så lätt urskiljbara som påstås? Svaret som man är tvungen att acceptera i detta avseende är helt enkelt att Bibeln inte är självauktoriserande alls.

Än mer intressant är det faktum att somliga böcker i Bibeln inte uppger sina författare. Idén om självauktorisation - om den vore riktig - kunde ha varit plausibel om alla bibliska författare uttryckligen uppgav sin identitet så att vi lättare kunde granska författarnas s.a.s. vitsord, eller åtminstone fastställa vem det var som påstod sig vara Guds talesman.

---

[23] Graham, a.a., s. 31.

Men i detta avseende bemöter Bibeln oss i några fall med tystnad.

Ta t.ex. Matteusevangeliet; ingenstans anger texten att det är den hel. Matteus, en av de tolv apostlarna, som är författaren. Vi står således inför endast två möjliga alternativ för att fastställa dess författarskap: 1) Vad Traditionen har att säga, 2) Bibelvetenskapen. I båda alternativen är den fastställande källan utombiblisk och skulle därför drabbas av *sola scriptura*-lärans förkastelsedom.

Protestanten invänder kanske nu att det är inte är nödvändigt att veta huruvida det verkligen var Matteus som skrev detta evangelium då ens frälsning inte beror av vetskapen om det var Matteus eller någon annan. Men ett sådant synsätt innebär ett tämligen stort problem. Vad protestanten i själva verket säger är att samtidigt som ett autentiskt evangelium är Guds Ord och det redskap genom vilket en person uppnår en frälsande kännedom om Kristus, så kan personen inte med säkerhet veta om Matteus-evangeliet är av apostoliskt upphov och har därför ingen möjlighet att veta om det är autentiskt (dvs. Guds Ord) eller ej. Och om äktheten av detta evangelium kan ifrågasättas, varför då inkludera det i Bibeln? Om dess autenticitet är säker, hur kan den vara känd i avsaknad av en självidentifikation av Matteus? Man kan bara konstatera att Bibeln inte är självauktoriserande.

Protestanten vill kanske falla tillbaka på Bibelns eget påstående att den är inspirerad med hänvisning till ställen som 2 Tim. 3:16 - "All af Gud ingifven skrift är nyttig..." Emellertid utgör inte ett *anspråk* på inspiration i och av sig självt någon *garanti* för inspiration. Faktum är att skrifterna författade av

Mary Baker Eddy, grundaren av sekten 'Kristen vetenskap', gör anspråk på att vara inspirerade. Skrifterna författade av Joseph Smith, grundaren av mormonsekten, gör anspråk på att vara inspirerade. Detta är bara två av många möjliga exempel som visar på att en viss skrift kan göra anspråk på precis vad som helst. För att vi ska kunna veta med säkerhet om en skrift verkligen är inspirerad, behöver vi självklart mer än bara ett anspråk på inspiration. Garantin för inspirationen måste komma från utanför skriften i fråga. Vad gäller Bibeln måste garantin komma från en icke-biblisk källa. Men läran om *sola scriptura* tillåter inte utombiblisk auktorisation.

13. Inga av de ursprungliga bibelmanuskripten finns bevarade

En omständighet som leder till tillnyktring - och som är ödesdiger för läran om *sola scriptura* - är att vi inte har tillgång till ett enda originalmanuskript för någon av Bibelns böcker. Det är förvisso sant att det finns tusentals manuskript bevarade som är kopior av originalen - och det är sannolikt att dessa i själva verket är kopior av kopior - men detta faktum hjälper inte *sola scriptura*-ståndpunkten av den enkla anledningen att man utan originalmanuskript inte kan veta med säkerhet om man faktisk har den riktiga Bibeln i sin helhet.[24] Originalmanuskripten var inspirerade, medan kopior av dem inte är det.

---

[24] De tidigaste exemplaren av bibelmanuskript, Codex Vaticanus och Codex Sinaiticus, är båda från 300-talet, och intetdera innehåller hela Bibeln då delar av dem har förlorats eller förstörts. De allra flesta manuskript som finns bevarade utgör bara delar av Bibeln.

Protestanten vill kanske nu hävda att bristen på tillgång till ursprungliga bibliska manuskript är oväsentlig då Gud har bevarat Bibeln genom att säkerställa dess kopiering genom århundradena.[25] Det finns dock två problem med detta resonemang. Det första är att man genom att hävda Guds försyn när det gäller kopieringen påstår något som inte står skrivet i Bibeln och som därför, pga. själva definitionen av *sola scriptura*, inte kan tjäna som ett rättesnöre för tron. Om man med andra ord inte kan hitta ställen i Bibeln som säger klart att Gud skall skydda kopieringen av manuskript, så kan man heller inte tro på detta. Faktum är att Bibeln inte någonstans gör sådana anspråk.

Det andra problemet är att om man kan hävda att Gud beskyddade den skriftliga traderingen av sitt Ord, så kan man också med rätta hävda att Han beskyddade dess muntliga tradering (tänk på 2 Thess. 2:15 och den dubbla formen av Guds enda uppenbarelse). Evangelieförkunnelsen började trots allt som en muntlig tradition (jfr Luk. 1:1-4 och Rom. 10:17). Det var inte förrän senare som en del av den muntliga traditionen skrevs ned och blev helig Skrift, och det var ännu senare som dessa texter förklarades vara inspirerade och

---

[25] Det ironiska här är att det var tack vare outtröttliga ansträngningar som gjordes av de katolska munkarna, vilka mödosamt arbetade i sina kloster, som Guds skrivna Ord bevarades genom århundradena. Påståendet att den Katolska Kyrkan gjorde allt i sin makt för att undertrycka Bibeln är en ytterst elakartad lögn, och kan lätt motbevisas genom även den flyktigaste granskning av och forskning om Kyrkans historia. Tvärtom försvarade den Katolska Kyrkan, i sin unika roll som väktare av *depositum fidei*, Bibelns integritet mot falska och felaktiga översättningar, och det var dessa falska och felaktiga exemplar av Bibeln som brändes och förstördes för att förhindra falska evangelier från att spridas.

auktoritativa. När man väl kan visa att Gud beskyddade den muntliga traderingen av Sin lära, har man påvisat grunden för den heliga Traditionen och har redan börjat stödja den katolska ståndpunkten.

14. De bibliska manuskripten innehåller tusentals variationer

Vi har just noterat att det finns tusentals bibelmanuskript bevarade; dessa manuskript innehåller tusentals variationer i texten; en forskare uppskattar att det finns över 200 000 variationer.[26] Medan lejonparten av dessa rör mindre saker - såsom stavning, ordföljd och liknande -, finns det också variationer av viktigare karaktär: a) Manuskripten visar att skrivarna ibland modifierade de bibliska texterna för att harmonisera olika ställen med varandra, för att få dem att passa med historiska fakta och för att upprätta en doktrinär korrekthet[27] och b) det finns delar av verser (dvs. mer än bara ett enskilt ord) för vilka det finns flera olika manuskriptläsningar, som t.ex. Joh. 7:39, Upp. 6:8, Kol. 2:2 och 1 Thess. 3:2.[28] Dessa fakta innebär för protestanten att denne inte vet om han i sin ägo har vad de bibliska författarna ursprungligen skrev. Och om så är fallet, hur kan då en protestant hävda att han

---

[26] Raymond F. Collins, *Introduction to the New Testament* (Garden City, NY: Doubleday & Company, Inc., 1983), s. 77.

[27] Ibid., ss. 100-102.

[28] Bruce M. Metzger (protestantisk författare), *The Text of the New Testament: Its Transmission, Corruption, and Restoration* (Oxford University Press, 1992), ss. 221-225, 234-242.

grundar sin tro enbart på Bibeln när han inte med säkerhet kan avgöra Bibelns textuella autenticitet?[29]

Ännu viktigare är att det finns flera stora textvariationer i de nytestamentliga manuskripten. Följande två exempel illustrerar detta:

1) Enligt de manuskript vi har tillgång till finns det fyra möjliga avslutningar på Markusevangeliet: Den korta avslutningen som inkluderar verserna 1-8 i kapitel 16; den längre avslutningen som inkluderar verserna 1-8 plus verserna 9-20; den mellanlånga avslutningen som inkluderar två till tre textrader mellan vers åtta och det längre slutet; och den längre avslutningen i förlängd form som inkluderar flera verser efter vers 14 i den längre avslutningen.[30] Det bästa som kan sägas om dessa olika avslutningar är att vi utifrån Bibeln helt enkelt inte vet säkert var Markusevangeliet skall avslutas, och beroende på vilket/vilka avslut som ingår i en protestantisk Bibel så riskerar utgivaren att antingen lägga till verser eller utelämna verser i den ursprungliga texten - och således göra våld på *sola scriptura*-läran, som fordrar "Bibeln allena och i sin helhet" som grund för tron. Även om en protestants Bibel har med alla fyra avslutningarna med förklarande kommentarer

---

[29] Protestanter har hävdat att inga av variationerna i de bibliska manuskripten berör stora/viktiga läror. Även om detta påstående är osant, förändrar det inte det faktum att protestanten här erkänner, åtminstone indirekt, att det är tillåtet att acceptera något som är mindre än eller skiljer sig från den "riktiga" Bibeln. Och om detta är sant så har protestanten själv börjat undergräva *sola scriptura*.

[30] Metzger, a.a., ss. 226-228.

och/eller fotnoter, kan han fortfarande inte vara säker på vilken av de fyra avslutningarna som är den autentiska.

2) Det finns bevis för alternativa läsningar i några centrala bibelverser, såsom Joh. 1:18, där det föreligger två möjliga ordalydelser.[31] Några bibelversioner (såsom King James Version) överensstämmer med Douay-Rheims: "No man hath seen God at any time: the only begotten *Son* Who is in the bosom of the Father, he hath declared him."

[Översättarens anmärkning: Vulgata (på svenska av J. P. E. Benelius, Stockholm 1895): "Ingen har någonsin sett Gud; den enfödde Sonen, som är i Faderns sköte, han har berättat därom." *Svenska Folkbibeln* (2014): "Ingen har någonsin sett Gud. Den Enfödde, som själv är Gud och i Faderns famn, han har gjort honom känd." *Svenska Folkbibeln* (1998): "Ingen har någonsin sett Gud. Den Enfödde, som själv är Gud, och är hos Fadern, har gjort honom känd". *Bibel 2000*: "Ingen har någonsin sett Gud. Den ende sonen, själv gud och alltid nära Fadern, han har förklarat honom för oss".]

Bägge ordalydelserna har stöd i manuskripten, och man finner därför bibelforskare som förlitar sig på egna kvalificerade gissningar om vilken som är den "korrekta". En liknande situation uppstår i Apg. 20:28, där manuskripten visar att den hel. Paulus kan referera till antingen "Herrens (grekiska *kuriou*) kyrka" eller "Guds (grekiska *theou*) kyrka".[32] *[Översättarens anmärkning:* De svenska bibelöversättningarna, med

---

³¹ Collins, a.a., s. 102.

³² Metzger, a.a., s. 234.

undantag för Vulgata, säger här "församling" istället för "kyrka".]

Detta kan vid första anblick tyckas vara petitesser, men ponera att du försöker omvända en sektmedlem som förnekar Jesu Kristi gudomlighet. Även om Joh. 1:18 och Apg. 20:28 inte är de enda ställena som finns att använda till försvar för vår Herres gudomlighet, kan du vara ur stånd att använda just dessa verser med sektmedlemmen beroende på vilken manuskripttradition din Bibel använder sig av. Detta innebär att du skulle ha marginellt sämre möjligheter att försvara en viktig biblisk lära, och själva detta faktums natur blir ganska problematiskt med tanke på läran om *sola scriptura*.

15. Det finns hundratals bibelversioner

Som påpekats i punkt 14 ovan, finns det tusentals och åter tusentals variationer i de bibliska manuskripten. Problemet förvärras av det faktum att historien har känt hundratals bibelversioner som varierar i översättningar såväl som i textkällor. Här inställer sig frågan: "Vilken version är den rätta?" eller "vilken version står närmast originalmanuskripten?" Ett möjligt svar beror på vilken sida av den katolska/protestantiska skiljelinjen du ställer dig. Ett annat möjligt svar beror på vilka bibelforskare du betraktar som pålitliga och ansedda.

Den enkla sanningen är att vissa versioner är klart sämre än andra. Framsteg inom bibelforskningen som möjliggjorts genom arkeologiska upptäckter (t.ex. Dödahavsrullarna) har ökat våra kunskaper om de gamla bibliska språken och miljöerna. Vi vet mer om de olika variabler som påverkar bibelforskningen än vad man visste för hundra, tvåhundra eller tusen år sedan. Betraktat ur denna synvinkel kan nutida bibelversioner äga viss överlägsenhet gentemot äldre bibelversioner. Å andra sidan är biblar översatta från S:t Hieronymus' latinska Vulgata (300-talet) - på engelska är detta Douay-Rheims - grundade på ursprungstexter som sedan dess har gått förlorade, och således kringgår dessa traditionella versioner sexton århundraden av potentiell textuell förvanskning.

Detta faktum orsakar besvärliga problem för protestanten då detta innebär att nutida protestanter i vissa avseenden kan ha en "bättre" eller mer exakt Bibel än sina fäder, medan de i andra avseenden kan ha en "sämre" eller mindre exakt Bibel - vilket i sin tur betyder att nutida protestanter antingen har en "mer auktoritativ" slutgiltig auktoritet eller en "mindre auktoritativ" slutgiltig auktoritet än sina föregångare. Men att det finns grader av auktoritet börjar underminera *sola scriptura*, eftersom det skulle innebära att en bibelversion inte är lika autentiskt slutgiltigt auktoritativ som en annan. Och om den inte är lika autentisk ökar risken för att man vidareför irrläriga doktriner, och bibelversionen i fråga upphör då att fungera som en slutgiltig auktoritet då den i själva verket inte är *slutgiltig*.

Något annat att ta i beaktande är att bibelöversättare, som människor, inte är helt objektiva och opartiska. Somliga kan vara benägna att återge ett särskilt ställe på ett sätt så att det överensstämmer bättre med ett särskilt trossystem snarare än med ett annat. Ett exempel på detta kan ses i protestantiska biblar vad gäller det grekiska ordet *paradoseis* (παραδόσεις). Då protestanter förnekar existensen av den heliga Traditionen återger somliga protestantiska bibelöversättningar detta ord som "undervisning" eller "förordningar" snarare än "tradition", eftersom det senare ordet skulle tendera att ge mer tyngd åt den katolska ståndpunkten.

Ännu ett övervägande är det faktum att vissa bibelversioner är direkta förvrängningar av de bibliska texterna, som i fallet med Jehovas vittnens "Nya Världens översättning av Den heliga skrift" (förkortat NV). Här har "översättarna" återgett viktiga ställen på ett sätt som passar deras villoläror.[33] Men om det nu inte finns någon auktoritet utanför Bibeln som förklarar sådana översättningar opålitliga och skadliga, med vad auktoritet kan då någon beteckna dem som olämpliga för trosundervisning? Om protestanten svarar med att säga att denna fråga kan avgöras med bibelforskning, så måste han vara ovetande om att Jehovas vittnen också citerar källor inom bibelforskningen till stöd för sina översättningar av dessa ställen! Frågan förfaller då till en lek där man försöker spela ut en forskning mot en annan - en mänsklig auktoritet mot en annan.

---

[33] Med hänsyn till utrymmet begränsar vi oss här till blott några exempel av många som skulle kunna återges. I Joh. 1:1 i NV står det "... och ordet var en gud" istället för "...och Ordet var Gud" eftersom "vittnena" förnekar Jesu Kristi gudomlighet. *[Utgivarens anmärkning: Exemplet är kanske litet missvisande, eftersom vittnenas översättning rent språkligt är fullt möjlig, varför det är av andra, bl.a. teologiska, skäl som den måste avvisas.]* I Kol. 1:15-20 skjuter NV in ordet "annat" fyra gånger i texten eftersom "vittnena" tror att Jesus Kristus själv är en skapad varelse. Matt. 26:26 återges i NV som: "Detta betyder min kropp" istället för "Detta är min kropp" eftersom "vittnena" förnekar Jesu Kristi verkliga närvaro (realpresens) i eukaristin.

I slutändan kan problemet bara lösas genom ingripande av en ofelbar undervisande auktoritet som talar på uppdrag av Kristus. Katoliken vet att denna auktoritet är den Romersk-Katolska Kyrkan och dess magisterium (läroämbete) eller undervisande auktoritet. Katolska biskopar utövar denna auktoritet när de beviljar imprimatur (som betyder "må det tryckas") som återges på de första sidorna i vissa bibelversioner och annan andlig litteratur för att uppmärksamma läsaren på att boken inte innehåller något som strider mot Kristi och apostlarnas läror.[34]

16. Bibeln var inte tillgänglig för enskilda troende förrän på 1400-talet

Väsentlig för läran om *sola scriptura* är föreställningen att den Helige Ande upplyser varje troende vad beträffar den korrekta tolkningen av ett visst bibelställe. Denna föreställning förutsätter att varje troende äger eller åtminstone har tillgång till en Bibel. Problemet med ett sådant antagande är att Bibeln inte kunde massproduceras och göras lätt tillgänglig för

---

[34] Dessutom har den gamla latinska Vulgata-versionen, av alla de latinska utgåvorna av Bibeln som då var i omlopp, erhållit ett särskilt erkännande av Kyrkan vid Trientkonciliet: "Dessutom påbjuder och deklarerar detta heliga koncilium [i Trient] att den gamla latinska Vulgata-utgåvan som har använts i så många hundra år, är godkänd av Kyrkan och skall i föreläsningar, disputationer, predikningar och utläggningar betraktas som autentisk, på det att icke någon dristar eller understår sig att under några som helst förevändningar avfärda den" (Fjärde sessionen, 8 april, 1546). Påven Pius XII förklarade i sin encyklika *Divino Afflante Spiritu* ("Om bibelstudiernas tidsenliga främjande") från 1943 att Vulgata, "när den tolkas i den mening som Kyrkan alltid har förstått den", är "undantagslöst fri från fel vad angår tro och moral".

enskilda troende förrän efter tillkomsten av tryckpressen på 1400-talet.[35] Ändå skulle det ha tagit väldigt lång tid att trycka och dela ut ett stort antal biblar till allmänheten.

Problemet med detta scenario är att miljoner och åter miljoner kristna som levat före 1400-talet skulle ha lämnats utan en slutgiltig auktoritet, utelämnade åt andlig laglöshet, om de inte hade den stora lyckan att äga en handskriven Bibel. Redan på ett rent mänskligt plan förstår vi att ett sådant scenario innebär en tämligen grym Gud då Han skulle ha uppenbarat fullheten av Sitt Ord till mänskligheten i Kristus i vetskap om att de redskap och medel med vilka sådan information kunde göras tillgänglig inte skulle existera förrän om ytterligare 15 århundraden.

Men vi vet att Gud inte alls är grym utan i själva verket älskar oss oändligt. Därför lämnade Han oss inte i mörker. Han sände oss Sin Son för att lära oss hur vi ska tro och handla, och denne Son grundade en Kyrka för att undervisa om dessa läror genom att predika för både de lärda och analfabeterna. "Alltså kommer tron däraf, att man hör; men att man hör, sker genom predikandet af Kristi ord" (Rom. 10:17). Kristus gav också Sin Kyrka garantier på att Han alltid skulle vara med henne och aldrig låta henne falla i irrlära. Gud övergav

---

[35] Det bör påpekas att boktryckarkonstens fader, Johannes Gutenberg, var katolik, och den första bok han tryckte var Bibeln (ca 1455). Det bör också påpekas att den första tryckta Bibeln innehöll 73 böcker, dvs. lika många som dagens katolska biblar. Protestanterna avlägsnade sju av det gamla testamentets böcker efter att Bibeln redan hade börjat tryckas.

därför inte sitt folk och lät det bli beroende av boktryckarkonstens uppkomst som verktyg för att komma till frälsande kunskap om Sin Son. Istället gav Han oss en gudomligt grundad och ofelbar lärare, den Katolska Kyrkan, att förse oss med de medel genom vilka vi får ta del av Evangeliets glada budskap oförvanskat.[36]

17. Läran om *sola scriptura* existerade inte före 1300-talet

Hur svårt det än kan vara för somliga att acceptera, är det ett faktum att denna för protestantismen grundläggande lära inte fanns före 1300-talet och inte blev utbredd förrän på 1500-talet - en mycket lång tid efter Jesu Kristi och Hans apostlars lära. Detta enkla faktum förbises eller ignoreras av protestanter, men kan stå på egna ben som tillräckligt skäl för att förkasta läran om *sola scriptura*. Det är ett faktum att läran om *sola scriptura* inte existerade före John Wycliffe (som föregrep protestantismen) på 1300-talet och blev inte utbredd förrän Martin Luther äntrade scenen på 1500-talet och ersatte autentisk kristen lära med sina egna "mänskliga traditioner". Läran saknar därför inte bara den historiska kontinuitet som kännetecknar legitim apostolisk lära, utan innebär också en abrupt förändring, ett radikalt brott med det kristna förflutna.

Protestanter hävdar att Bibeln själv lär *sola scriptura* och att läran därför leder sina rötter tillbaka till Jesus Kristus. Men

---

[36] *[Utgivarens anmärkning:* Till det som Peters anför kan läggas att det var först på 1800-talet som Bibeln började spridas till vidare lager av samhället - en bok av det omfånget var en kostsam investering och inte något för gemene man. I det lutheranska Sverige var länge den mest spridda och lästa andliga skriften istället psalmboken.]

som vi har sett ovan lär Bibeln inget sådant. Påståendet att Bibeln förkunnar denna lära är inget annat ett upprepat försök att läsa in denna lära i Bibelns text. En undersökning av den historiska kontinuiteten (eller bristen därpå) ger en indikation huruvida en viss trossats går tillbaka till Jesus Kristus och apostlarna eller om den uppstod långt senare. Faktum är att läran om *sola scriptura* saknas i de historiska källorna före 1300-talet.

18. Sola scriptura-lärans frukter är onda: Splittring och oenighet

Om läran om *sola scriptura* vore sann skulle man kunna förvänta sig att alla protestanter var överens vad gäller trosläran då Bibeln inte kan lära ut motstridiga trossatser. Ändå är verkligheten den att det finns tusentals[37] protestantiska samfund och sekter som alla gör anspråk på att följa Bibeln allena, som alla gör anspråk på att predika sanningen, och ändå skiljer sig deras läror från varandra. Protestanter hävdar att de skiljer sig endast i icke-väsentliga eller perifera frågor, men faktum är att de inte ens kan komma överens i viktiga doktrinära frågor såsom eukaristin, frälsningen och rättfärdiggörelsen - för att nämna några exempel.

De flesta protestantiska samfund menar t.ex. att Jesus Kristus endast är symboliskt närvarande i eukaristin, medan andra

---

[37] Det finns uppskattningsvis ca 25 000 olika protestantiska samfund och sekter. De ca 500 åren sedan protestantismens födelse genom Martin Luther (vanligtvis daterad år 1517) resulterade i genomsnitt i ett nytt protestantiskt samfund eller en ny sekt varje vecka! Även om man håller sig till en försiktigare uppskattning med 10 000 samfund och sekter innebär det fortfarande att ett nytillskott uppstår med 2 ½ veckas mellanrum.

(såsom lutheranerna och anglikanerna) tror att Han är verkligt närvarande, åtminstone i viss utsträckning. Vissa samfund lär att du när du väl är ”frälst” aldrig kan förlora din frälsning, medan andra tror att det är möjligt för en sann kristen att synda allvarligt och upphöra att vara ”frälst”. Somliga samfund lär att rättfärdiggörelse endast *tillräknas* den kristne [forensisk rättfärdiggörelse], medan andra tror att kristna också måste växa i helighet och verkligen *bli* rättfärdiga [sanativ rättfärdiggörelse].

Vår Herre hade med säkerhet aldrig avsikten att Hans anhängare skulle vara så splittrade, oeniga och kaotiska som protestantismens historia varit alltsedan sin begynnelse.[38] Tvärtom bad Han för sina trogna: ”Att de alla må vara ett, såsom du, Fader, är i mig och jag i dig, på det att äfven de må vara ett i oss” (Joh. 17:21). Och den hel. Paulus uppmanar kristna till enighet i trosläran med orden: ”Det är ju en kropp och en Ande... en Herre, en tro, ett dop” (Ef. 4:4-5). Hur kan då tusentals protestantiska samfund och sekter alla göra anspråk på att vara den ”sanna Kyrkan” när deras blotta existens vederlägger detta anspråk? Hur kan sådan heterodoxi och motsägelse i trosläran utgöra den enighet som vår Herre bad för?

Härvidlag bör läsaren påminna sig Kristi egna ord: ”Ty af frukten känner man trädet” (Matt. 12:33). Enligt denna

---

[38] Inte ens de ursprungliga ”reformationsfäderna” - Martin Luther, Jean Calvin och Huldrych Zwingli - kunde enas i lärofrågor och fördömde varandras läror som heretiska.

norm vittnar protestantismens historia om att *sola scriptura*-trädet ger ond frukt.

19. Läran om *sola scriptura* lämnar inget utrymme för en slutgiltig och definitiv tolkning av något ställe i Bibeln

Som vi har sett ovan hävdar läran om *sola scriptura* att individen endast behöver Bibeln som rättesnöre för tron och att han kan nå en korrekt tolkning av ett bibelställe genom att helt enkelt jämföra stället med vad resten av Bibeln lär. I praktiken orsakar emellertid detta tillvägagångssätt fler problem än vad det löser och i slutändan hindras den troende från att *slutgiltigt och med säkerhet* veta hur något givet bibelställe skall tolkas.

I själva verket tolkar protestanterna Bibeln utifrån subjektivt omdöme snarare än objektiv sanning. Ponera t.ex. att protestant A studerar ett bibelställe och gör tolkning X. Protestant B studerar samma ställe och gör tolkning Y. Protestant C studerar samma ställe och gör tolkning Z.[39] Tolkningarna X, Y och Z är motstridiga. Ändå kan samtliga protestanter, utifrån det protestantiska perspektivet, betrakta sina tolkningar som "korrekta" då var och en har "jämfört Skriften med Skriften".

Det finns nu bara två möjliga lösningar för dessa tre protestanter: a) samtliga tolkningar är felaktiga eller b) endast en av dem är korrekt då tre motstridiga tolkningar inte kan vara

---

[39] Antalet tre används här illustrativt. Det faktiska historiska antalet (dvs. antalet tolkningsvariationer för olika bibelställen) är långt större.

korrekta samtidigt.[40] Problemet här är att det utan en ofelbar auktoritet, som talar om för de tre protestanterna vilken av deras respektive tolkningar som är den korrekta (dvs. objektivt sann), inte finns något sätt för någon av dem att veta med slutgiltig säkerhet huruvida hans enskilda tolkning är den korrekta. Varje protestant är i slutändan utelämnad åt en individuell tolkning grundad på endast personliga åsikter - trots studier och forskning i frågan. Varje protestant blir därmed sin egen slutgiltiga auktoritet - eller, som man så vill, sin egen "påve".

Protestantismen bekräftar i praktiken detta faktum. Eftersom Bibeln allena inte är tillräcklig som trosregel (om så vore fallet hade våra tre protestanter varit helt samstämmiga i sina tolkningar), måste varje enskild troende och varje samfund under det protestantiska paraplyet nödvändigtvis komma fram till sin egen tolkning av Bibeln. Flera möjliga tolkningar av Bibeln innebär per definition att det inte finns någon slutgiltig och definitiv tolkning. Och om det inte finns någon slutgiltig tolkning så kan ingen veta om hans tolkning är objektivt riktig eller ej.

---

[40] Det är förvisso sant att ett visst ställe i Bibeln kan ha flera tolkningsnivåer eller kan ha flera nivåer av betydelse vad gäller dess tillämpning i den troendes liv. Det är däremot inte sant att ett visst ställe skulle kunna ha mer än en teologisk eller doktrinär betydelse vid förekomsten av flera motstridiga tolkningar. Om två personer t.ex. hävdar tolkning "X" respektive "icke-X", kan inte båda vara korrekta. Ta t.ex. läran om den heliga eukaristin. Om den första personen säger att brödet och vinet i mässan verkligen blir Jesu Kristi kropp och blod, och den andra personen säger att de inte blir Jesu Kristi kropp och blod, kan båda uppfattningarna omöjligen vara objektivt sanna.

En relevant jämförelse kan göras med den moraliska lagen. Om varje individ förlitade sig på sin personliga åsikt för att avgöra vad som är rätt och fel skulle det hela sluta med värderelativism, och varje person skulle med rätta kunna hävda sina egna normer. Men eftersom Gud tydligt har definierat absoluta moraliska lagar för oss (utöver dem vi med förnuftet kan komma fram till genom naturrätten), så kan vi bedöma varje handling och avgöra hur moraliskt god eller ond den är. Det vore omöjligt utan absoluta moraliska lagar.

Naturligtvis hävdar varje enskilt samfund inom protestantismen - om inte formellt så åtminstone i praktiken - att dess egna tolkningar är de rätta. Om så inte vore fallet skulle medlemmarna byta samfund! Men om ett särskilt samfund hävdar att dess tolkningar är de rätta snarare än andra samfunds tolkningar, så har det i realiteten gjort sig till en slutgiltig auktoritet. Problemet här är att det skulle vara ett brott mot *sola scriptura* att upprätta en auktoritet utanför Bibeln.

Men om ett särskilt samfund å andra sidan skulle tillstå att dess tolkningar inte är mer korrekta än något annat samfunds tolkningar, så är vi tillbaka till det ursprungliga dilemmat där man aldrig kan veta vilken tolkning som är den rätta och således aldrig kan nå den slutgiltiga sanningen. Men vår Herre sade: "Jag är vägen, sanningen och lifvet" (Joh. 14:6). Problemet är att varje enskilt samfund inom protestantismen gör samma anspråk - formellt eller i praktiken - på att äga de "rätta" tolkningarna. Det resulterar i tusentals olika samfund som alla gör anspråk på att äga den bibliska "sanningen", och ändå kan ingen av dem ge ett objektivt utslag vad gäller den "sanningen". Resultatet blir en oförmåga att göra en definitiv, slutgiltig och auktoritativ tolkning av något bibelställe. Med andra ord kan protestanten aldrig "sätta ner foten" vad gäller olika tolkningar av ett visst ställe i Bibeln.

20. Den protestantiska bibeln saknar 7 hela böcker

Till sitt stora förtret gör sig faktiskt protestanter skyldiga till brott mot sin egen lära. Läran om *sola scriptura* tillåter inte att något läggs till eller tas bort från Bibeln, men protestanterna har faktiskt strukit hela sju böcker ut det Gamla Testamentet samt delar av två andra. Böckerna i fråga, som felaktigt benämns "apokryferna" ("icke-autentiska") av protestanterna, kallas "deuterokanoniska" ("andra kanon") av katolikerna: De är Tobias (Tobit), Judit, Första och Andra Mackabeerboken, Salomos vishet (Vishetens bok), Jesus Syraks vishet (Ecclesiasticus) och Baruk. Delar av Daniels och Esters böcker saknas också.

Till försvar för sin ofullständiga GT-kanon framför protestanterna undantagslöst ett eller flera av följande argument: 1) Den kortare fariseiska (eller palestinska) kanon[41] godtogs av Kristus och Hans apostlar då de aldrig citerade ur de deuterokanoniska böckerna. 2) GT var avslutat på Kristi tid och det bestod av den kortare kanon. 3) Judarna själva accepterade den kortare, fariseiska kanon vid mötet i Jamnia (eller Javne) år 90 e.Kr. 4) De deuterokanoniska böckerna innehåller obibliskt stoff.

---

[41] Den fariseiska kanon, som brukades av judar i Palestina, innehöll inte de deuterokanoniska böckerna. Septuaginta, eller den alexandrinska kanon, som brukades av judar i diasporan (dvs. hellenistiska regioner utanför Palestina), innehöll de deuterokanoniska böckerna.

Vart och ett av dessa argument är helt felaktigt.

1). Vad gäller påståendet att Kristus och Hans apostlar höll sig till en kortare, fariseisk kanon visar en undersökning av citaten i det Nya Testamentet från det Gamla Testamentet att påståendet är helt fel. NT citerar GT omkring 350 gånger och cirka 300 av dessa citat (86%) hämtas ur Septuaginta, en grekisk översättning av GT i utbrett bruk vid tiden för Kristi levnad. Septuaginta innehåller de deuterokanoniska böckerna. Det är därför orimligt och förmätet att säga att Kristus och Hans apostlar höll sig till en kortare kanon då de liksom den stora majoriteten på den tiden använde en GT-version som innehöll de sju böckerna i fråga.

Eller ta fallet med den hel. Paulus, vars missionsresor och brev riktade sig till de hellenistiska regionerna utanför Palestina. Det har t.ex. noterats att hans predikan i Antiokia i Pisidien "förutsatte åhörarnas grundliga bekantskap med Septuaginta". Hans brev till den nygrundade församlingens medlemmar "andades Septuaginta".[42] Uppenbarligen stödde sig den hel. Paulus på en längre GT-kanon i sina återkommande hänvisningar till Septuaginta.

Dessutom är det felaktigt att påstå vare sig att de deuterokanoniska böckerna aldrig citerades av Kristus[43] och Hans

---

[42] W. H. C. Frend [protestantisk författare], *The Rise of Christianity* (Philadelphia, PA: Fortress Press, 1984), ss. 99-100.

[43] Jämför t.ex. Matt. 6:14-15 med Ecclesiasticus 28:2, Matt. 6:7 med Ecclesiasticus 7:15(14), Matt. 7:12 med Tobit 4:16(15), Luk. 12:18-20

apostlar, eller att sådana citat skulle utgöra en förutsättning för en boks inkludering i Bibelns kanon. De deuterokanoniska böckerna citeras eller antyds i NT inte mindre än 150 gånger![44] Dessutom finns det gammaltestamentliga böcker, såsom Predikaren, Ester och Obadja, som inte citeras av Kristus eller apostlarna, men som icke desto mindre ingår i det Gamla Testamentets kanon (hos både katoliker och protestanter). Det är alltså uppenbart att citering av Kristus eller apostlarna inte i sig självt avgör kanoniciteten.

2) När det gäller påståendet att Kristus och apostlarna brukade en avslutad GT-kanon - vilken protestanterna påstår är den kortare - undergräver historiska belägg detta påstående. För det första fanns det ingen kanon som var känd som den palestinska kanon, då det i själva verket fanns varianter av kanon i bruk i Palestina vid denna tid[45] förutom Septuaginta. För det andra visar det historiska bevismaterialet att "judendomen de två sista århundradena f.Kr. och det första århundradet e.Kr. ingalunda var enhetlig i sin förståelse av vilka av dess skrifter som skulle anses heliga. Det fanns många åsikter

---

med Ecclesiasticus 11:19-20, Apg. 10:34 med Ecclesiasticus 35:12-15, Apg. 10:26 med Salomos vishet 7:1 samt Matt. 8:11 med Baruk 4:37.

[44] Lee Martin McDonald [protestantisk författare], *The Formation of the Christian Biblical Canon*, bilaga A (Nashville, TN: The Parthenon Press, 1988). (Lista betitlad *"New Testament Citations and Allusions to Apocryphal and Pseudepigraphal Writings,"* anpassad från *The Text of the New Testament* av Kurt Aland och Barbara Aland, två välkända bibelexperter.)

[45] Dessa är a) den qumranska kanon som vi känner från Dödahavsrullarna, b) den fariseiska kanon och c) den sadduceiska/sarmatiska kanon, som endast består av Torah (de fem Moseböckerna).

både inom och utanför Israel under de första århundradena
före och efter Kristus om vilka skrifter som var heliga".[46]

3) Att hänvisa till mötet i Jamnia till stöd för en kortare kanon är uppenbart problematiskt av följande skäl: a) Beslut
tagna på en judisk synod mer än 50 år efter Kristi uppståndelse är ingalunda bindande för den kristna Kyrkan, lika lite
som judendomens rituella lagar (t.ex. förbudet mot att äta
fläskkött) är bindande för den enskilde kristne. b) Det är
tveksamt huruvida några slutgiltiga beslut togs på mötet angående GT:s kanon då "listan på böcker som bedömdes 'besudla händerna' fortsatte att variera inom judendomen fram
till och med hela 300-talet e.Kr."[47] c) Synoden utgjorde i viss
mån polemik riktad specifikt mot den kristna "sekten" och
dess tonfall var därför fientlig mot kristendomen. Dessa judar
accepterade troligen den kortare fariseiska kanon just därför
att de första kristna accepterade den längre kanon i Septuaginta. d) Beslut tagna på denna synod är endast representativa för en gren av fariseisk judendom i Palestina och inte för
judendomen som helhet.

4) När protestanterna slutligen hävdar att de deuterokanoniska böckerna innehåller obibliska läror är detta avgjort ett
exempel på obefogad dogmatism. Bedömningen har helt enkelt gjorts därför att de s.k. reformatorerna, som givetvis var
fientligt inställda till den Katolska Kyrkan, läste Bibeln med
uppfattningen *a priori* att den förkunnar reformert/protestantisk lära. De förkastar de deuterokanoniska böckerna då

---

[46] McDonald, a.a., s. 53.

[47] Ibid., s. 60

dessa böcker i vissa fall ger uttryck för avgjort katolsk lära, som i fallet med Andra Mackabeerboken 12:42-46, som med skärpa stödjer läran om böner för de döda och därmed skärselden: "Det är en helig och hälsosam tanke, att bedja för de avlidna, att de må befrias från sina synder" (2 Mack. 12:46). Luther ville i själva verket också avlägsna Uppenbarelseboken och Jakobs brev i NT. Jakobs brev kallade han för en "halmepistel" som han tyckte "inte har något evangeliskt i sig"[48] – säkerligen då brevet tydligt säger att vi blir frästa genom tro *och* gärningar (jfr Jak. 2:14-26) i motsats till Luthers irrlära om *sola fide* (tron allena). Luther övertalades slutligen av sina vänner att behålla böckerna.

Utöver ovanstående kan de historiska vittnesbörden och kontinuiteten vad gäller Bibelns kanon påtalas. Även om vi har sett att det fanns tvister i fråga om Bibelns kanon, står två omständigheter som obestridliga: 1) att de deuterokanoniska böckerna bestämt brukades av kristna från det första århundradet och framåt, och först av vår Herre och Hans apostlar, och 2) att, när väl frågan om Bibelns kanon blivit avgjord på 300-talet, förekom från och med då inga förändringar i Bibelns kanon. I praktiken uppstod det enda utmanandet och åsidosättandet av dessa två omständigheter när de s.k. reformatorerna äntrade scenen på 1500-talet och helt enkelt tog sig friheten att på skräphögen kasta en elvahundraårig kontinuitet vad gäller kanons formella existens och en nästan femtonhundraårig kontinuitet vad gäller dess praktiska existens.

---

[48] Hartmann Grisar, S.J., *Martin Luther: His Life and Work* (B. Herder, 1930; Westminster, MD: The Newman Press, 1961), s. 426.

Det blotta faktum att en individ ensam skulle ta sig rätten att bryta en sådan kontinuitet när det gäller en sådan central fråga som vilka böcker som utgör Bibeln, bör få varje uppriktig lärjunge till Kristus att häpna och stanna upp. En sådan lärjunge blir tvungen att ställa frågan: "Med vilken auktoritet gör denna person en sådan stor förändring?" Både historien och Luthers egna skrifter visar att Luthers handlingar grundade sig på inget annat än hans egna personliga godkännande. Med säkerhet är en sådan "auktoritet" helt otillräcklig för den kanoniska förändring han gjorde, särskilt med tanke på att arbetet med att identifiera Bibelns kanon vägleddes av den Helige Ande, varade i århundraden och sysselsatte några av kristenhetens största tänkare såväl som flera koncilier. Än mer oroväckande är det faktum att de andra s.k. reformatorerna - och protestanterna sedan dess - har följt efter genom att acceptera Luthers förändrade kanon samtidigt som de ändå påstår sig hedra Bibeln och insistera på att inget får läggas till eller tas bort från den.

21. Läran om sola scriptura är framsprungen ur Luthers egna känslomässiga problem

Om någonting alls kan sägas med säkerhet om Martin Luther, är det att han var djupt och kroniskt besvärad av en kombination av tvivel och förtvivlan om sin frälsning och en känsla av fullkomlig vanmakt inför frestelse och synd. Luther själv skriver, "Min ande var helt bruten och jag befann mig alltid i ett tillstånd av melankoli, ty vad jag än gjorde, så skänkte mig min 'rättfärdighet' och mina 'goda gärningar' vare sig hjälp eller tröst".[49]

---

[49] Jansen, vol. III, s. 84, citerad i O'Hare, a.a., s. 51.

Det är mot bakgrund av detta som man måste bedöma
Luthers psykologiska och känslomässiga sinnestillstånd när
det gäller dess inverkan på ursprunget till hans lära om *sola
scriptura*. Redan en översiktlig undersökning visar att denna
doktrin föddes ur Luthers behov av att bli fri från skuldkäns-
lor, förtvivlan och frestelser som "torterade" honom.

Med tanke på att Luther själv medger sig lida av en tvångs-
mässig oro över sin egen syndfullhet samt en oförmåga att
motstå frestelser, är det rimligt att dra slutsatsen att han led
av skrupulositet - även lutherska forskare erkänner detta.[50]
Skrupulositet innebär att en person är överdrivet ängslig över
att ha begått synder när det inte finns någon verklig grund

---

[50] F. William Most, *Are We Saved by Faith Alone?*, kassettband från Catholic
Answers, P.O. Box 17490, San Diego, CA 92177. *[Utgivarens anmärkning:
Det finns en annan möjlig förklaring till Luthers starka skuldkänslor, näm-
ligen att han som ung student eventuellt dräpte en annan student i en
duell, vilket också kan ha varit den egentliga orsaken till hans plötsliga
beslut att bli munk sommaren 1505, ty på så vis kunde han utnyttja den
asylrätt som rådde inom klostrets murar. Denna teori har utarbetats och
underbyggts av den tyske forskaren Dietrich Emme i ett antal utförliga
biografiska studier, bl.a. Martin Luther: Seine Jugend- und Studentenzeit
1483-1505: Eine dokumentarische Darstellung mit 14 Tafeln und 1 Faltkarte,
4. Aufl., Verlag Dietrich Emme, Regensburg, 1986, Martin Luthers Weg ins
Kloster: Eine wissenschaftliche Untersuchung in Aufsätzen, Verlag Dietrich
Emme, Regensburg, 1991 och Dietrich Emme (utg. Richard Nieder-
meier): Gesammelte Beiträge zur Biographie des jungen Martin Luther, Patri-
monium Verlag, 2015. En översiktsartikel på svenska om Emmes teori är
Gunilla Gren: Martin Luthers "klosterkallelse": En studie av dokument som
visar att Luther hamnat i kloster som asyl för dråp. Dietrich Emme: Martin
Luthers väg in i klostret, se http://www.katoliknu.se/html/artcl_luther.htm.
Det kan noteras att, om Emme har rätt, ger det väl snarast Joel Peters'
argumentation en ny dimension och ytterligare tyngd.]*

för en sådan ångest, och en skrupulös person är någon som ofta överdriver allvaret i sin upplevda syndfullhet, med en motsvarande brist på tillit till Gud. Det bör också noteras att skrupulositet "ofta tycks vara grundad i en psykologisk dysfunktion hos personen".[51]

Med andra ord åtnjöt Luther förmodligen aldrig känslomässig eller psykologisk frid då "samvetets" röst alltid plågade honom av någon orsak, verklig eller inbillad. Det vore helt naturligt för någon så plågad att söka sig en fristad från denna röst, och för Luther fanns denna fristad i läran om *sola fidei*, frälsning genom "tron allena".

Men då undvikandet av synd liksom utförandet av goda gärningar är nödvändiga komponenter för vår frälsning och då detta faktum ihärdigt lärdes ut och försvarades av den Katolska Kyrkan, befann sig Luther i diametral motsats till Kyrkans undervisande auktoritet. Då Kyrkan förfäktade nödvändigheten i att göra precis det som han kände sig oförmögen att göra, tog Luther ett drastiskt beslut - ett beslut som "löste" hans skrupulositetsproblem: han förkastade Kyrkans undervisande auktoritet, förkroppsligad i läroämbetet med påven som dess huvud, och hävdade att sådant var i strid med Bibeln. Genom att hävda *sola scriptura* som en sann kristen dogm avfärdade Luther med andra ord den auktoritet som tvingade honom att inse att hans egen andlighet var dysfunktionell.

---

[51] F. Peter Stravinskas, red., *Catholic Encyclopedia* (Huntington, Indiana: Our Sunday Visitor, Inc., 1991), s 873.

Sammanfattning

Det är av alla dessa skäl uppenbart att den protestantiska doktrinen om *sola scriptura* är en obiblisk och människoskapad irrlära som måste förkastas helt och hållet. De som är genuint troende kristna och förtröstar på de sanningar som Jesus Kristus lärde - även om dessa motsäger ens nuvarande religiösa system - bör av bevisen övertygas till att se de inneboende bristerna i denna lära, brister som är uppenbara utifrån Skriften, logiken och historien.

Den religiösa sanningen, obesmittad med irrlära, återfinns i sin fullhet endast i den Katolska Kyrkan, vilken är den Kyrka som Jesus Kristus själv grundade. Enligt denna Kyrkas undervisning innebär *sola scriptura* en förvrängd och stympad syn på kristen auktoritet. Det sanna *rättesnöret för kristen tro* är istället denna:

Det omedelbara eller direkta *rättesnöret för tron* är Kyrkans undervisning; Kyrkan i sin tur hämtar sin undervisning från den gudomliga uppenbarelsen - både det skrivna Ordet som kallas den Heliga Skrift, och det muntliga eller oskrivna Ordet som kallas [apostolisk] Tradition vilka tillsammans bildar det indirekta *rättesnöret för tron*.

Skriften och Traditionen är inspirerade [*theopneustos*] källor till den kristna läran, medan Kyrkan - en synlig och historisk enhet som går tillbaka till den hel. Petrus och apostlarna i en oavbruten succession - är den ofelbara *uttolkaren* och *läraren* av kristen troslära. Det är endast genom att acceptera detta *kompletta* rättesnöre för tron som Kristi efterföljare vet att de håller fast vid *allt* som Han befallde sina apostlar att lära (jfr

Matt. 28:20). Det är endast genom att acceptera detta *kompletta* rättesnöre för tron som Kristi efterföljare kan vara säkra på att de besitter hela den sanning som Kristus lärde och inget annat än den sanningen.

Översättning av Marcus Urbanski från det engelska originalet *Scripture Alone? 21 Reasons to Reject Sola Scriptura*, TAN Books, Saint Benedict Press, LLC, 1999. ISBN: 9780895556400

Översättarens anmärkning: För citat ur det nya testamentet används *Vår Herres Jesu Kristi Nya Testamente, från Vulgatan öfversatt af J.P.E. Benelius* (Stockholm, 1895).

Acta Academiae Catholicae Suecanae/
Svenska Katolska Akademiens handlingar

6. Pierre-Joseph de Clorivière, S.J.: **Tankar om yttre och inre bön**, Stockholm 2013
7. S:t Thomas ab Aquino: **Kommentar till Johannes-prologen**, Stockholm 2015
8. Jon Peter Wieselgren: **Påve och kuria**, Stockholm 2015
9. Michael Davies: **Den romerska mässan - en kortfattad historik**, Stockholm, 2015
10. Leo X: **Två bullor mot Martin Luther: Exsurge Domine och Decet Romanum Pontificem**, Stockholm, 2016
11. Joel S. Peters: **Skriften allena? 21 anledningar att förkasta "sola scriptura"**, Stockholm, 2016

Titlarna beställs via bokhandeln.
Se vidare http://katolska-akademien.se/Acta.aspx!